あなたの願いは絶対叶う！
よくばり夢ドリル

畑 鮎香

KADOKAWA

プロローグ

「夢を叶えるお手伝い」の原点は、9歳の女の子がくれた魔法の言葉

あなたには「夢」がありますか?

「夢」を持つことすら諦めていませんか?


「夢なんて持ったって仕方がない」

「夢を見るなんて、恥ずかしい」

「どうせ夢なんて叶わない」

その気持ち、痛いほどわかります。

だけど、「夢を叶えたい」と思う気持ちは、必ずあなたの心の片隅にあるはずです。

「あゆちゃん、私の夢を叶えてくれる？」

今から10年ほど前、失意の中にいた私に、一人の少女がこう言ったのです。

当時の私は離婚し、２人の子どもと離れて暮らさざるを得ませんでした。最愛の子どもたちとの別れ。生きているのか、死んでいるのかもわからない。絶望感でいっぱいだった私は、生きる意欲そのものを失っていました。

そんな時、訪ねてきてくれた少女が、離れて暮らす娘の親友・ニコちゃんでした。

「娘と会えなくなった私を心配してくれたのかな……？」

そう思っていた私に、彼女は第一声こう言ったのです。


「あゆちゃん、夢の叶え方、教えて！」


この言葉が私を動かし、今の私をつくってくれたのです。

絶望している私に向けられた純粋な眼差しと真っ直ぐな言葉。その姿に私は、なぜか涙を抑えきれなくなりました。

傷つき、落ち込み、夢も希望も失った私になぜそんなことを聞くのかとたずねると、

「あゆちゃんは、私が知っている大人の中で、一番輝いていて、一番夢を叶えているよ！」

と、笑顔で言ってくれたのです。


私は2012年に自費制作で絵本『あいしてるよ』を出版し、1冊1冊手売りで販売していました。

みなさんに愛を届けたくて私はこの絵本をつくったのですが、そんな私を応援してくださり、経営している美容院のお客さんにも薦めてくれたのがニコちゃんのご両親でした。

そんな素敵なご両親に私の絵本を読んでもらう時間が、ニコちゃんは大好きだったそうです。絵本で描いているように「あいしてるよ」という言葉が家族みんなの合言葉になり、とても心が温かくなったといいます。

ニコちゃんは、絵本を描いた私のことを、ニコちゃんとニコちゃんの家族に幸せを運んできた人だと思って、「夢の叶え方、教えて！」と私を訪ねてきてくれたのかもしれません。

ニコちゃんの笑顔は、太陽のように私を照らしてくれました。

傷ついた私に「大丈夫？　大変だね」と言葉をかけてくれる人はたくさんいました。しかし、それらのどんな励ましの言葉よりも、どんな慰めの言葉よりも、「あゆちゃんが一番輝いていて、夢を叶えているよ」というニコちゃんの言葉が、私の心に深く響きました。

彼女は私に**「周りの人たちの夢を叶える応援がしたい」**という夢を思い出させてくれたのです。

「この子の夢を叶えてあげたい」と、私は心の底から思いました。

あまりにもつらいことが多くて、**夢を描き、それを叶えることの楽しさ、ワクワク感**を私はすっかり忘れていたのです。

ニコちゃんの夢は「歌って踊れる美容師になる」こと。

私が「大丈夫。絶対に叶うよ」と言うと、ニコちゃんは名前通りのとびっきりの笑顔を見せ、弾むように帰っていったのです。

その日のニコちゃんの笑顔を私は一生忘れることはないでしょう。

「夢」はどんな時も生きる原動力になる、あなたにとって「希望の光」です。

そんな「希望の光」を見つけるお手伝いがしたい。それが私の夢なのです。

夢を描いた瞬間に未来は変わる

みなさん、こんにちは。

夢を叶える専門家、心理学講師の畑《はた》 鮎香《あゆか》です。

私は「夢コーチアカデミー」を主催し、年間250日以上、全国を飛び回って講演をしています。

「ご縁をいただいた方々の夢を叶えるお手伝いがしたい」

そんな思いで10年前から活動を続けています。

講演会やセミナーを含め、私の話を聞いてくださった方々は、のべ**4万人以上**になります。

私のもとを訪れる相談者さんの中には、

「あゆちゃん、夢って本当に叶うの？」

「夢が叶うのは、特別な人だけだよね？」

と、余計に夢から遠のいてしまう言葉を使う方がいらっしゃいます。

こんな気持ちになるのは、自分の可能性が見えなくなった時、自分の未来が見えなくなった時です。私自身もそうでした。

先が見えないから不安や怖さを感じてしまうのですよね。


以前、絶望感でいっぱいの心を抱えた方がセミナーに参加され、声を振り絞って「私は、絶対に夢なんて描けません！　どうせ叶わないんだから」とおっしゃいました。

本来なら言う必要もないのに、彼女は正直に心を開いて私にこう伝えてくれたのです。

「私の娘は難病で、立つことも話すこともできません……。娘の病気は治らないのだから、夢なんて……」

私は彼女の心の痛みを感じて、とてもつらい気持ちになりました。そんな私の口から出てきたのが「夢を描くのは自由だよ」という言葉でした。

「どうして夢を見てはいけないの？　娘さんとおしゃべりをしたり、お出かけをしたり、夢を描くのは自由だよ。なぜ、それまで諦めてしまうの？」

自然と出てきた自分自身の言葉にびっくりしながら、そう問いかけると、お母さんはポロポロ泣きながら、少しずつ夢を話し始めました。

「娘の病気が治って……、一緒に走ったり、ブランコに乗ったりしたい……」

夢を言葉にすることで、今まで険しかった表情がだんだん穏やかになっていく様子を見て、私も嬉しくなったことを覚えています。今でも私の記憶に残っている大切な出来事です。

もしも今のあなたが、

「どうしたら夢が叶うのかわからない」

「夢があっても叶えるなんて自分には無理」

「そもそも夢が何かもわからない」

という気持ちでいるなら、まず、**してみたいこと、なりたい自分（＝夢）を ちょっと想像してみませんか？**

ああしたい。

こうなりたい。

自由に夢を思い描いて心がワクワクすれば、それでＯＫ！

あなたの人生は、あなたの望む方向に向かって進み始めます。

ただひたすら、したいことができている自分、こうなりたいと思う自分を思い描く――。

最初はなかなかうまくいかないかもしれません。今日はできても、次の日には「やっぱり、私には無理かも」と心が揺らいでしまうことは誰にでもあるでしょう。

でも、大丈夫！

最初から100％できる人なんていないのです。私自身もそうでした。繰り返すうちに、だんだんできるようになったのです。

あなたも焦る必要はありません。夢を描くことで、少しずつワクワクの数を増やしていきましょう！

「ひとくちサイズのステップ」で願いが叶う！

「夢ドリル」は、**楽しみながら行う「ひとくちサイズのステップ」（小さな一歩）で、夢を叶える体質が手に入ってしまう、不思議なドリル**です。

人生を変えるためのステップと聞くと、「大変そう」と思うかもしれませんが、そんなことはありません。

この本で紹介する「ひとくちサイズのステップ」なら、**誰もがラクに、夢を叶える**ことができます。私自身が40年間、実践してきたことばかりなので、その効果はお墨つきです。

私の生徒さんにも、簡単で楽しいセルフワークをすることで、人生にミラクルを起こした人たちが大勢います。

念願のカフェをオープンしたり、**起業に成功**したり、**子どもの不登校が解決**したり、**理想の相手とスピード結婚**したり、**月収が20倍**になったり、**憧れの高級車**を手に入れたり、嬉しい報告がたくさん届いています。

このように、**あなたが自分でミラクルを起こせるように、ちょっと背中を押してくれる**のが、この「夢ドリル」なのです。

なぜ私が「ひとくちサイズ」にこだわるのか。その理由をお話ししますね。

私は幼い頃、とても好き嫌いの激しい子どもでした。

食べられるものといえば、「漬物」「のり」「魚」「ちりめんじゃこ」「ご飯」くらい。他のおかずが出てくる食事の時間は、苦痛でしかありませんでした。

「今日も残して、ご飯をつくってくれるお母さんに悪いことしちゃう」

という母に対する申し訳ない気持ちと、食べられない自分に対する罪悪感でいっぱいでした。

また、「今日はお母さんに何を言われるんだろう」という恐怖の時間でもあり、いつも重たい気分を抱えて食卓についていたのです。


そんな私を見かねたのか、ある日、父がこう言いました。

「鮎香、口にはね、子どもの口と大人の口というのがあってね。鮎香はどんどん大人の口に変わっていくんだよ。今はおいしくないと思っているものが、ある日突然おいしくなったりする。もしかしたら、今日はおいしくなっているかもしれないから、ひとくちだけ食べてごらん」

そう言われた私は、まず「ひとくち」だけ苦手なものを口に入れたのです。

すると、どうでしょう。

「あれ？　おいしい」

自分でもびっくりです。あれほど苦手だった野菜やお肉が食べられたのです。

それからは食事の時間が嫌ではなくなりました。それどころか、

「今日は何がおいしくなるんだろう！」

そう思っただけで、食事がワクワクした時間に変わり、待ち遠しくなりました。文字通り、毎日「ひとくちのステップ」を続けたおかげで、小学校の高学年になる頃には好き嫌いがなくなっていたのです。

「人生は、楽しむことでたくさんのミラクルが起こる」

ほしかった家を手に入れたり、たくさんの人たちの夢を叶えるお手伝いができたり、私の人生はまさにミラクルの連続ですが、そのスタートは、父の一言から始まりました。

小さなミラクルは、あなたも自分で起こすことができます。

例えば、「この人苦手だな」と思っても、ちょっと話しかけてみる。好き嫌いで判断せず、挨拶だけしてみる。それ以上、無理をすることはありません。

「ちょっとだけ=ひとくちサイズ」で十分なのです。

私の食べ物の好き嫌いが「子どもの口」「大人の口」の説明で克服できたように、人間関係の好き嫌いにも「子どもの口」「大人の口」があります。

「ひとくちサイズのステップ」を積み重ねることで、あなたの人間関係は必ず変わっていくでしょう。

もちろん人間関係だけでなく、仕事や恋愛、健康、お金などあらゆることに変化が表れるようになります。**よくばりになって、愛もお金も幸せも、まるごと全部手に入れられる**のが、このドリルの魅力です。

「夢ドリル」には、みなさんの夢を応援するキャラクター「夢ドリちゃん」がいます。「ひとくちサイズのステップ」を実践して、夢ドリちゃんと一緒に新しい世界へ羽ばたいてください。

難しい理論や面倒な手順はありません。

毎日、好きなページを開いて、
あなたのペースで、
あなたのできる時間に、
あなたのできることを、
メッセージ通りに実践する。

たったこれだけ。

本当に簡単にできるのです。

一日の小さな一歩を楽しむことで、いつの間にか勝手に夢が叶ってしまう。

本書は、まさに「夢を叶えるドリル」なのです。

ページを開いた瞬間から、あなたの人生は夢が叶う方向へと進んでいきます。このミラクルを、ぜひ、あなたも体験してください！

あなたの願いは絶対叶う！
よくばり夢ドリル
目次

第2章 読むだけで、自分が大好きになる!

第3章

使う言葉を換えれば、人生は好転する！

第4章 ワクワク感情で、理想の未来へひとっとび！

装丁●池田香奈子
装画●イトガマユミ
本文デザイン●二ノ宮匡（ニクスインク）
本文ＤＴＰ●荒木香樹
本文イラスト●芝りさこ
校正●文字工房燦光
出版プロデュース●株式会社天才工場 吉田浩
編集協力●塚本佳子 浅井千春
編集●伊藤瑞華（KADOKAWA）

第1章

願いが叶う仕組みまるわかり！「夢ドリル」のトリセツ

夢が叶う仕組みは、じつはとてもシンプル。
絶対に叶うと信じて、あなたの気持ちがワクワクするほうへ進めばいいだけ。

「頑張り」なんて必要ありません。

あなたも「ひとくちサイズのステップ＝小さな一歩」を踏み出してみませんか？
その一歩を、なかなか踏み出せないという人も大丈夫。
「夢ドリル」はそんな方々のためのワークなのですから。
「トリセツ」を読んで、ひとつずつ夢ドリルを実践していきましょう。

「夢ドリル」は、あなたを夢へと導く羅針盤です。

どんな願いも叶う！「夢ドリル」の基礎知識

夢を叶える3つのやさしいステップ

思うままにパッとページを開き、出会った「夢ドリル」を実践する。

それだけで夢が叶うといっても、

「本当にそれだけ？」

と信じられない人もいるかもしれませんよね。

でも、本当にそれだけなのです。

なんとなく、ついてない……。
いつも、ものごとがうまく運ばない……。
どうしても、自分に自信が持てない……。

そんな状況から、**ポジティブな方向に舵を切るきっかけは、ほんの小さなことから始まる**のです。

第1章では、なぜ、「夢ドリル」を読んだり、実践したりするだけで夢が叶うのかについて、お話ししたいと思います。いってみれば、夢を叶えるために知っておきたい「夢ドリル」の基礎知識でありトリセツです。

「夢ドリル」には、大きく分けて3つのステップがあります。

①生きているだけ、ありのままのあなたでOK（第2章）

小さい頃に周囲からインプットされた価値観の中で、悩んだり苦しんだりしているあなたへのメッセージです。

「自分は何もできない」と思い込んでいる人はたくさんいますが、**あなたの可能性は無限大**。ただ気づいていないだけなのです。

自分のことはつい後回しにしがちだけれど、**自分という存在をちゃんと意識することは、とても大事**なこと。

「第2章」は、**もっと自分を愛し、自己重要感を高めていくためのドリル**です。

②言葉のチョイスを換えるだけでOK（第3章）

はるか昔から、日本には2種類の言葉があります。

「夢ドリ語」と「夢ステ語」です。

「夢ドリ語」は、夢を取り（トリ）に行く言葉、無限の可能性を広げる言葉であり、「夢ステ語」は、夢を捨て（ステ）てしまう言葉、可能性をゼロにする言葉です。

「第3章」は、**「夢ドリ語」を自由に使いこなすためのドリル**です。

③ひとくちサイズのアクションでOK（第4章）

どんなことも頑張りすぎると心が緊張してうまくいかないものです。

夢を叶えるために大切なのは、楽しみながら、ワクワク感情を育てていくこと。夢はワクワクする感情が大きいほど、はやく実現します。

「第4章」は、**あなたやあなたの周りの人たちのワクワク感情を高め、夢の実現を加速させていくためのドリル**です。簡単なことから、一歩ずつステップを進めていきましょう。

次章から紹介していく50の夢ドリルは、その日の気分でどれを選んでもOK。夢を願い続けながらドリルを実践することで、夢のほうからどんどん近づいてきてくれます。

各ドリルの見出し部分には、日づけを書き込む欄を用意しています。夢ドリルは一読するだけでも大きな効果がありますから、まずは読めた自分をほめて、**初めてページを開いた記念すべき日**をメモしておきましょう。

そして、実際にそのドリルにチャレンジできたら、とても素晴らしいことです。**初めて試した日**も記入しましょう。

さらに、そのドリルを**2回目に試すことができた日**も書き込みましょう。日常生活の中で、意識せず楽しんでできるようになっていたらバッチリ！　あなたは、確実にステップアップしています。

50の夢ドリルの進み具合を一覧で見られるのが、巻末のチェックシートです。読んだらチェック、行動できたらスタンプを押したりシールを貼ったりと、あなたがワクワクする方法で、活用してみてくださいね。

「思い込み」の枠から脱出しよう

夢が見つからなかったり迷いがあったりすると、目指す場所がわからず、前に進むのが怖くなりますよね。世の中には未来が見えず、恐れを抱いて生きている人がすごく多いと思います。

なぜ、そんなふうに未来が見えなくなってしまうのでしょうか？

私たちは、成長する過程でよくも悪くもいろいろな情報を吸収します。

しかもそれらの情報は、自分でインプットするのではなく、**周囲の人たちによってインプットされていく**のです。

例えば、幼い頃にお絵描きをした経験は誰にでもありますよね。あなたが描いた絵を見た大人に「それ、何を描いたの？　下手だね」と言われたら、「自分は絵が下手なんだ」とインプットされ、もう絵なんて描きたくないと思ってしまいます。

反対に、「よく描けてるね。もっといろいろな絵を描いてみせて」と言われれば、「自分は絵が上手なんだ。もっと描きたい」と絵を描くことは楽しいことだとインプットされるでしょう。

あなたの行動は同じなのに、得られた反応に、その後の性格が左右されてしまうのです。

ある時、とてもキレイな女性が、美人コンテストに出場する前にイメージトレーニングをしたいと、講演会に参加してくれました。その女性が私に最初にした質問がこれです。

「私、ブサイクなんですけど、どうしたら美人になれますか？」

美人コンテストに出場するほどキレイなのに、まったく自分に自信がないと言います。彼女は、なぜこんなふうに考えるようになったのでしょう。

その理由を探っていくと、イケメンのお兄ちゃんがいることがわかりました。小さい頃、ご両親はよく「お兄ちゃんは男前だね」とほめていたそうです。

ブサイクと言われたわけではなくても、「お兄ちゃんは男前」だから、何も言われないい自分はかわいくないとインプットされてしまったのです。

また、ある女性は「なぜかわからないけど、私、ソフトクリームが食べられないんです」と話していました。彼女のお母さんはその理由を知っていて、こっそり私に教えてくれました。

娘さんが幼かった頃の話です。お父さんが家族を楽しませるために、ローンを組み購入した新車で、ドライブに連れていってくれたそうです。

ドライブインで買ってもらったソフトクリームを片手に、娘さんは車の中で大はしゃぎ。

そんな家族のために、お父さんは一生懸命に安全運転してくれたのですが、何かの拍子に思わず急ブレーキをかけてしまいました。その反動で、娘さんが手に持っていたソフトクリームが前の座席の背面にべったり。

新車だったこともあり、普段は温厚で優しいお父さんが大人げなく「何してるんだ！」と大きな声を上げてしまったのだとか。娘さんはショックで、それ以降、ソフトクリームが食べられなくなってしまったのです。

誰が悪いわけでもありません。ただ、脳のメカニズムがそうなっているだけなのです。お父さんは家族を喜ばせたかっただけなのに、幼い女の子には「ソフトクリームを食べるとお父さんを嫌な気持ちにさせる」という間違った情報がインプットされてしまいました。

幼い子どもは情報のいい悪いがまだ判断できないので、得た情報はすべて脳にインプットします。

こうした情報のインプットは6歳頃まで続き、その後はよほど大きな出来事がない限り、上書きされません。

なぜなら、**6歳頃に潜在意識の扉が閉まってしまう**からです。

私は息子が幼い頃、彼が大好きだった番組のヒーローショーに連れていったことがあります。喜んでくれるとばかり思っていたのに、息子は「怖い、怖い」と叫びながら大泣き。逆に私は「こんな暑い日に、こんな衣装着て大変やな〜」とまったく違うことを考えていました。

子どもは、ものごとを判断する際のフィルターがないため、ヒーローや敵を本物だと思って戦いを怖がりますが、大人はフィルターを通して見るため、ショーだという現実をそのまま受け入れます。

人は6歳頃を境に、純粋にものごとを信じる力がなくなっていき、さまざまなことを判断して生きていくようになります。その結果、新しい世界の情報が取り入れられなくなり、見えないものはないものと考え、それ以上の能力を使えなくなってしまうのです。

これが「潜在意識が開いている」と「潜在意識が閉まっている」の違いです。

しかし、**6歳頃までに得た情報は潜在意識に蓄積され、扉が閉まった後も人生に大きく影響を与え続けます**。つまり、**人は記憶を持たないまま、いろいろなことをジャッジしている**のです。例にあげた女の子が今でもソフトクリームが食べられないのは、まさにこのメカニズムからです。

ここで知ってほしいのは、それらの情報はあなたが「望んで」インプットした情報ではなく、親、兄弟姉妹、周囲にいる人たち、あるいはテレビやインターネットによって**勝手にインプットされた情報**だということです。

これらの情報によって、「私はこういう人間だ」と、無意識のうちに自分で自分を「枠」にはめてしまっている人がたくさんいます。

もし、あなたが「私にはできない」とか「私はダメだ」などと思っているとしても、それは他人から勝手に押しつけられた情報に左右されているだけ。

その枠から自分を解放してあげませんか？

「第2章」の夢ドリルで、あなた自身ともっと仲よくなりましょう。そして、人のつくった枠の外に自分を連れ出してみましょう。

夢を叶える体質をつくる「夢ドリ語」

日本最古の歌集『万葉集』には、日本（大和）のことを「言霊《ことだま》の幸《さき》わう国《くに》」という表現で紹介する一文が出てきます。

日本人は古くから、日本は言葉の霊の働きで幸せを生み出すことのできる国だと考えてきました。日本語には不思議なパワーがあるのです。

イエスという時は首を縦に振りますし、ノーの時は横に振りますよね。手紙や葉書も、以前は縦書きが普通でした。本だって基本は縦書きです。**縦に読み進めていく日本語は、本来、肯定的な、夢を叶える言葉**なのです。

一方で、日本人は気持ちを言葉にするのが苦手な民族でもあります。

「言葉に出さなくても、態度で察してほしい」

と、ニュアンスを大事にして多くを語らない傾向があります。

それに、日本語では否定的な表現もよく使われます。

「失敗しないように」

「嫌われないように」

「あんなやり方をしないように」

など、どれも自分を律するような言葉ですが、これらの否定的な言葉は自分の行動を「～ない」と縛ってしまいます。

「失敗しないようにしないと」と思うと、意識は「失敗する」に向きます。同じように「嫌われないように」と思えば「嫌われる」に、「あんなやり方しないように」と思えば「あんなやり方をする」ことに意識が向きます。つまり、望んでいるような結果が得られにくくなるのです。


このように見てみると、日本語には2つの種類があります。

ひとつは、**夢を叶える、夢を取りに行く肯定的な言葉**です。私はこれを**「夢ドリ語」**と名づけました。「夢ドリ語」は、**周囲からインプットされた枠にはまっている自分を解き放ち、あなたの思い描く未来へと導いてくれる言葉**です。

そして、もうひとつは、**現状をそのままジャッジメント（判断・判定）した**

り、否定したりする言葉です。こちらは「夢ドリ語」の反対で「夢ステ語」と名づけました。「夢ステ語」は、文字通り、自ら夢を捨ててしまうような言葉です。

「夢ドリ語」と「夢ステ語」、同じ言葉でも使い方が異なります。

ひとつ例をあげて説明しますね。

鏡に映った自分を見て、「うわ〜、歳を取ったな。シミもシワも増えたし、皮膚もたるんでいる……」と、つい若い頃の自分と比べてそう思ってしまったり、ぽろっと口に出して言ってしまったりすることってありますよね？

確かに、年齢を重ねるとシミやシワができるのは当たり前ですが、あなたがなりたいのは「しわくちゃのおばあさん」ですか？

シミができた、シワが増えた、皮膚がたるんでいる、肌がくすんでいて余計に老けて見える……。

これは鏡に映る自分をジャッジしている「夢ステ語」です。こんな言葉を毎日自分に言い続けたら、どんどんしわくちゃのおばあさんに近づいていきます。

あなたはどうなりたいですか？

「若い頃のようなピチピチ・ツルツルのお肌に戻りたい」と思っているのなら、「夢ドリ語」の出番です。

「今日もお肌がツルツル。お肌がピチピチで若々しいね」

と**自分がなりたい姿に言葉を変換**しましょう。

決して、ウソをついているわけではありません。**「夢ドリ語」はなりたい自分を応援する言葉**なのですから。

「夢ステ語」を使って常識のかごの中でどんどん老けていくか。**「夢ドリ語」を使って常識のかごの中から外に羽ばたいて、生き生きと素敵な自分で生きるか。あなたが使う言葉で、人生は大きく変わってくる**のです。

これまでずっと「夢ステ語」ばかり使ってきたという人も、**今それに気づけ**

たのが素晴らしいこと。あなたは「夢ドリ語」を知ったのですから、これからは**自由に言葉を選べばいい**のです。

【夢ドリ語】（無条件の愛）……夢を取り（トリ）に行く言葉。無限の可能性を引き寄せる言葉、肯定語、祈りの言葉、なりたい自分の姿をイメージする言葉。

【夢ステ語】（条件ありのジャッジメント）……夢を捨て（ステ）てしまう言葉、可能性を0％にする言葉、否定語、呪いの言葉、今の自分や常識の中でいい悪いを判断する言葉。

「第3章」の夢ドリルで、自由自在に夢ドリ語を使いこなす力を磨いてください。日本人は、もともと**言葉で夢を叶える力**を持っています。その力を呼び覚

まし、どんどん夢ドリ語を使っていきましょう！

ワクワクすると、夢の実現が加速する！

「なんだかワクワクしちゃう！　楽しい！」

一日をこんな気分でスタートできたら最高ですよね。

私はセミナーでよく**「ワクワク＝沸く沸く」**というお話をします。

ワクワクは、あなたの中で情熱が沸いている時、エネルギーが沸いている時に感じます。まさに、内側から湧いてくる感情です。

では、情熱やエネルギーはどんな時に沸くと思いますか？

それは、**あなたの夢が実現に向かって動き出した時**です。もしかすると、あなた自身はそのことに気づいていないかもしれませんが、ここには夢を叶えるためにとても大事な法則があるのです。

それが、**「エネルギーの法則」**です。

夢を叶える情熱やエネルギーが大きくなればなるほど、ワクワクも大きく

なっていきます。いってみれば、**ワクワクは夢が叶うサイン**なのです。

例えば、「ハワイに行きたい」という夢があったとします。

頭の中で考えていても、いずれは実現するかもしれませんが、すごく時間がかかります。ハワイまで歩いて向かっているような感覚です。

次に、「ハワイに行きたいです！」と言葉に出すとどうでしょうか。少し夢に近づいた気がしませんか？　言葉にするだけでも、自転車に乗って向かっているくらいのはやさになります。とはいえ、移動距離を考えると、自転車でもかなり時間がかかりますよね。

最後に、ワクワクの感情を乗せるとどうなると思いますか？

「ハワイに行くのが楽しみ！」

「ハワイでは、こんなことをしたいな」

とイメージを膨らませていくと、どんどんワクワクが大きくなります。すると、まるでジェット機で移動しているように、**一瞬で夢が叶っていく**のです。

あるセミナーで、私のところに女性が相談に来られました。

ずっと地域の卓球チームで頑張っているけれど、これまで10年間、同じ地域の競合チームにどうしても勝てないというのです。

「あゆちゃん、どうしたら勝てますか？」

そう言われても……、私は卓球をほとんど知りません。そこで、

「勝ってどうなりたいんですか？」

と聞いてみると、そのチームに勝てば全国大会に行くことができるのだそうです。そこで、私はさらに質問をしました。

「全国大会に行きたいんですね？　なんのために？」

すると、全国大会まで進めば今までとは違う選手と対戦ができる。いろいろな選手と交流し、対戦を楽しみたいという返事が返ってきました。

つまり、彼女の夢は10年勝てない相手チームに勝つことではなく、その先の全国大会でさまざまな選手と交流したいということだったのです。

卓球のテクニックは教えられないけれど、いろいろな選手との対戦を楽しみたいという夢なら応援できます。私は彼女に、こう伝えました。

「全国大会でいろいろな人たちと卓球をして楽しんでいるところをイメージしながら、試合に臨んでみてね」


それから数日後、嬉しいニュースが届きました。10年間勝てなかった競合チームに、なんとストレート勝ちしたというのです。

彼女はこれまでずっと、「負けたくない、負けたくない」と思って戦ってきたけれど、「負けたくない」のイメージでは勝つことはできないのです。勝ってどんな未来を実現したいのか、そのイメージを膨らませていくことで、ワクワク感が大きくなり、夢が実現に向けて動き出します。

このお知らせを聞いて、**イメージしたものだけが現実になる**のだと改めて実感しました。それほどに、イメージの力は大きいのです。

あんなことをしたい。こんなふうになりたい。

自分の夢をしっかりイメージして、ワクワクを大きく育てていきましょう。

「第4章」には、ワクワク感を高めるたくさんのドリルを用意しています。ひとつずつ実践するだけで、あなたの夢はどんどん実現に近づいていきます！

私は、夢を叶えるのに「頑張り」は必要ないと思っています。

むしろ**頑張らない人のほうが夢は叶う**のです。「夢ドリル」は、誰もがラクラク実践できるステップばかり。

さぁ、今日はどのページを開きましょうか？

第2章

読むだけで、自分が大好きになる！

大好きな人にプレゼントを贈る時、「あの人は今、どんなことに興味があるのかな？」「何を贈ったら嬉しいかな？」と、大好きな人が喜んでくれる顔を想像しながらプレゼントを探しますよね。

逆にどうでもいい人には「この程度のものをあげておけば文句は言われないだろう」と、相手の気持ちには目も向けず無難なプレゼントを選んでしまいがち。嫌いな人にはプレゼントを贈ろうとさえ思いません。

大好きな人、好きな人、どうでもいい人、嫌いな人、それによってギフトのグレードは変わります。


自分を大好きになるということは、あなた自身に素敵なギフト、たくさんの夢、とびきりのミラクルをプレゼントすることなのです。

あなたは自分が好きですか？　どうでもいいですか？

自分自身のことを愛して、大好きな自分に、たくさんの素晴らしいプレゼントを贈ってあげましょう。

1 あなたが生まれてきたことがミラクル

Date
/ /

この世に人が生まれてくる確率って、どれくらいだと思いますか？

浴槽をお米でいっぱいにして、そこに1粒だけ小さな赤いお米をパッと放り込み、目を瞑《つぶ》って赤いお米を引き当てたところを想像してみてください。

たった1回でも赤いお米をつまみ出せたらすごいと思いませんか？

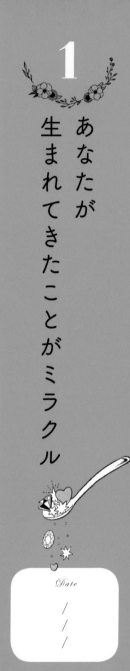

でも、この世にあなたという人が誕生する確率はそれどころじゃありません。目を瞑って1万回連続で赤いお米を引き当てるくらい、あり得ない確率なのだそうです。とにかく、天文学的数字であることは間違いありません。

これは私の師匠が教えてくれたお話です。師匠は私に、

「人は生まれてくるだけでミラクル！」

と教えてくれたのです。


「夢が見つからない」

「私はどうしたらいいの？」

もしあなたに迷いがあってもOK！　そんなことは本当にささいなことです。

人は、生きているだけで100点満点なのですから。

今、この本を開いているあなたも素晴らしい。夢が叶うという新たなミラクルまで引き寄せているのですから。読み終える頃には、夢のほうからあなたに会いに来てくれるかもしれませんよ。

夢ドリル 1

今ここにいる自分の存在を意識してみよう。

生きているだけで素晴らしい！

2

朝、目覚めて、起きるだけでえらい！

Date
/ /

毎朝、起きたら、あなたはまず何をしますか？
歯磨き、朝シャン、それとも体操？
人によって朝のルーティンはそれぞれ違うと思います。
でも、最初にしていることは、全世界の人たちみんな共通です。

それは、**「目覚める」**ということ。

あまりに当たり前すぎて気にも留めていないかもしれないけれど、目を覚まさなければ、起きられないですよね。

これこそ、まさに**生きている証**です!

朝を迎えると、新しい一日が始まります。そこには無限の可能性が満ちあふれています。目覚めるとは、未来に向かって一歩前進できたということ。

これは、神様からの最高のギフトです。

まずは**目覚めたことに「ありがとう」と感謝**しましょう。そして、**「今日もよく目覚めたね。私はえらい!」**と**自分をほめて**あげてください。
そんな気持ちでスタートすれば、今日はきっと素晴らしい日になるはずです。

夢ドリル 2

今日の始まりに感謝しよう。

目覚めてくれてありがとう!

3　毎日、息を吸って、吐いているあなたはすごい

セミナーにいらした生徒さんから、こんなことを言われたことがあります。

「ヨガや瞑想《めいそう》でリラックスしようとしても、呼吸法がうまくできないんですよね。呼吸って難しいです……」

そんな生徒さんへの私の答えがこれです。

「そうかな？　もう十分にできているんじゃない？　だって、今、息を吸って、吐いているよね」

そう、**呼吸ができているから、あなたは今生きている**のです。

ヨガのインストラクターなどに、「スーッと息を吸って、ハーッと吐いて」

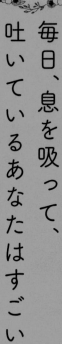

と言われると、呼吸を意識しますよね。でも、意識した途端にできなくなることって意外に多いもの。

難しく考える必要はありません。そのことに**意識を向けていないだけで、あなたは普段からちゃんと呼吸法を実践している**のですから。

私たちが意識してコントロールしている行動は全体の５％ほど。残りの95％は無意識で動かしているといわれています。

心臓が動くのも、毎日少しずつ髪や爪が伸びるのも、涙や鼻水が出てくるのも、毎日を生きられるように、自分でコントロールしているからですよね。

生まれてから今まで、**止めることなくずっと呼吸を続けているのですから、私たちは、本当にすごい**のです。

夢ドリル 3

深呼吸を３回。
ちゃんと呼吸ができていることを感じてみよう

4

お腹が空くのは夢が叶うサイン

Date

今日はどうしてもラーメンが食べたい！

いや、それよりカレーのほうがいいかな……。

お腹が空いていると、あれこれ食べたいものが浮かんできますよね。

これはリアルなお腹のお話ですが、心の中でも同じことが起こるのです。ただ、**「心の空腹」は気づきにくい**ので、ちょっと意識する必要があります。

あれができない……、
これもできない……、
やっぱり私ってダメだな……。

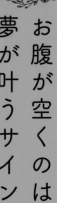

こんなネガティブ3段活用で落ち込むことって、誰にでもありますよね。ネガティブな感情はよくないと決めつける人が多いけれど、そんなことはありません。「できない」と思うのは、

あれもしたい！

これもしたい！


という気持ちがあるから。

これは心が空腹になっている合図。**本当の夢に気づくチャンス**なのです。

「できない」と思ったら、「なんのために、それができるようになりたいの？」と、自分に聞いてみてください。

空腹感が強いほど、その答えは見つけやすくなります。そして、あなたの夢が叶う方向に向かっていきます。

夢ドリル 4
「できない」と感じたら、「できる」ようになりたい理由を見つけて

5 自信がない人なんて、本当はいない

メンタルトレーニングのお勉強に行った時、私は講座の先生である師匠にこう言ったことがあります。

「先生、私、なかなか自分に自信が持てないんです」

師匠から返ってきた言葉は「あなたは自信がないことに自信を持ちすぎ」。

「私は自信がないことに、自信を持っているんだ」と自分の力に気づいた瞬間でした。

以前の私と同じように、「私、自分に自信がないんです……」とおっしゃる人が大勢います。

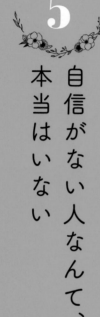

自信のなさは、うまくできなくて困ったとか、つらかったとか、そんな経験が積み重なって生まれてきます。

本当は今までも、うまくできたことや嬉しかったことがたくさんあるのですが、人は、ごく少数のできないことに目を向けがち。そこに気を取られていると、いつの間にか「自信がない」と思い込むようになります。

「自信」とは、「自分」を「信じる」と書きます。**自信がないという人も、「自信がない」自分を信じる力を持っています。**つまり、自信はあるのです。

「私は、〝自信がない〟という〝自信がある〟」と、自分の力を認めてみてください。そして、**自信を使う場所を「ない」から「ある」に変えて**いきましょう。

できる自分に目を向けてみると、人生はダンゼン楽しくなります！

夢ドリル 5
「自信がない」ことに「自信を持っている」自分に気づこう

がいいことだと思い込んでいるからこそ、子どものためを思って、「ほしい、ほしい」という子どもに、こんな言葉を投げかけてしまうのですよね。

もともとは、ほしいものがたくさんあった子どもも、こんな会話を繰り返しているうちに、「ほしがることは、はしたない」と感じるようになり、「ほしいと言ってはいけない」と思い込み、やがては「ほしいものすらわからない」大人になってしまうのです。

ほしがることは、決して悪いことではありません。夢ドリルでそんな思い込みをなくして、たくさんの夢を描き、叶えてほしいのです。「ほしがること」こそが夢の入口なのですから。

Column 1

夢が持てない最大の理由

10年以上、夢を叶えるためのセミナーを続けていますが、「世の中にはこんなにも夢を持てない人がいるのか」と、いまだに実感する日々です。
理由を探っていくと、9割の人が同じ理由で夢から遠のいてしまっていることに気づきました。
それは、幼い頃にインプットされた、「ものをほしがるのはダメなこと、いやらしいこと、いやしいこと」という思い込みです。

幼い頃、親にほしいものをねだった経験のある人はたくさんいますよね。

「みんな持っているから、僕もゲームがほしい」

「あのお人形買って、○○ちゃんも持ってるから」

そんな子どものお願いに対して、大抵の親はこう言います。

「ダメ！　よそはよそ、ウチはウチ」


お母さん自身も「ほしがることはダメなこと」と言われて育ってきています。よくばらないこと

6
イライラは心の声に気づくバロメーター

Date
/ /

友だちに約束をドタキャンされて、ムッとした経験のある人は多いと思います。私も以前はそうでした。でも、目の前にいない人にいつまでもイライラしているなんて、もうその時間がもったいない！　だから今は、こんなふうに考えています。

突然ぽっかり空く時間って、**自分とデートするための時間**なんだと。

「あれもしないと、これもやらないと……」なんて、毎日忙しく過ごしていると、自分のことを落ち着いて考えるヒマがありません。だからこそ、神様があえて一人の時間をつくってくれているのです。

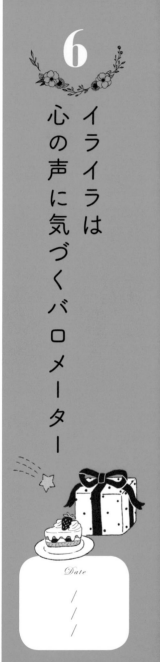

自分では気づいていなくても、今のあなたは「自分の時間がほしい！」と感じています。そして、**忙しくてつい忘れがちな「自分」という存在と、もっと仲よくしたいと思っている**のです。

そのための時間をせっかく神様がプレゼントしてくれたのですから、現れなかった友だちに腹を立てるより、

「自分だけの時間ができちゃった。ラッキー！」

と**気持ちを切り替えて、自分の好きなことをして楽しみましょう。**何をしようかと考えるだけでもワクワクしてきませんか？

思うようにものごとが進まずにイライラしている時こそ、本当の自分の気持ちに気づくチャンス。自分と会話する時間をつくることで、夢に近づきます。

夢ドリル 6

一人の時間は贈りもの。自分とのデートを楽しんで

7 ダラダラする日、ボケッとする日はウェルカム！

Date
/ /

体が重い、頭の回転が鈍い、人と会いたくない……。

最近、こんなふうに感じることはありませんでしたか？

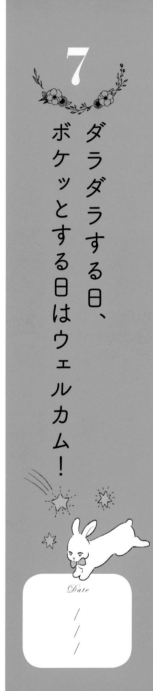

誰にでも、やる気の出ない日、何もしたくない日はありますよね。日本人はとても真面目な民族なので、やる気が出ないとつい「なんで、こんなにやる気が出ないんだろう。頑張らないと！」と自分のお尻を叩いたりします。

でも、**何も考えずにボケッとする日があったっていい**のです。無理に頑張るよりも、ダラダラ、ボケッとを「ウェルカム！」と迎え入れてみてください。うしろめたい気持ちを持つ必要なんてありません。座り心地のいいクッションに身を任せ、よだれがたれるくらいダラっと、思い切りリラックスしちゃいましょう。

ダラダラ、ボケッとしたくなる日は、「そろそろエネルギーを充電して」というサイン。

ゆったりリラックスしている時ほど、目には見えないエネルギーが流れ込み、あなたの中に満たされていくのです。また、体の筋肉が緩むことで、血液の巡りがよくなるといった効果も期待できます。

その結果、突然のひらめきを感じたり、普段は考えつかないような斬新なアイデアが浮かんだり、会いたいと思った相手から連絡があったり、ちょっといいニュースが飛び込んできたり。まさに、「果報は寝て待て」ですよね！

「やる気の出ない日」は、心も体もフリーにして、思う存分ダラダラを楽しんでください。

夢ドリル 7

「急がなきゃ」の気持ちはどこかに置いて、ダラダラを思い切り楽しもう！

8

「お金がない」はあなたのアイテムのひとつ

Date
/ / /

新しいことに挑戦したいけれど、二の足を踏んでしまう。その理由として「だってお金がないし……」というのは、〝あるある〟ですよね。

でも、本当は**「お金がない」は、神様から渡されたアイテム**なのです。このアイテムを持っているおかげで、**創造力**がぐんぐん育ちます。

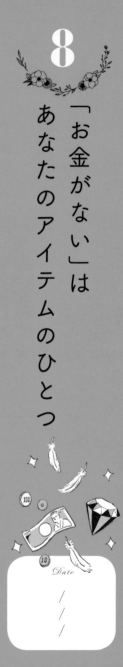

例えば、「今月はピンチ！」「月末にお金がない！」というのは、神様がつくってくれた創造力の強化月間です。

「家の冷蔵庫にあるもので夕飯のメニューを考えなくちゃ」と思うと、新しいレシピが生まれたりしませんか？　それが予想以上においしくて、定番メニューになることもあるかもしれません。「お金がない」状況だからこそ、こんな**新たな出会いがある**のです。

人は制限をかけられた時に、新しい世界を生むといわれています。

自由奔放にしているほうが創造力は高まると思っている人は多いと思いますが、**制限があることで、より想像力が働き、創造力も上がる**のです。

もしあなたが今、「お金がない！」と思っているとしたら、まさに、あなたの創造力がものすごく育っている証拠。

「お金がないおかげで、創造力が育っている！」

と、**新しいものを創り出す楽しさ、面白さを味わって**ください。

「何ができるかな」というワクワクが、あなたの夢を叶えるパワーもアップしてくれます。

夢ドリル 8

ないからこそできる「創造」を楽しんで

9 ネガティブ感情が渦巻いた時のあなたは鮮度が高い

Date
/ /

喉がカラカラに渇いた時に飲む1杯のお水は、すごくおいしく感じられます。スーッと体の中に入っていく感覚に、大げさでもなんでもなく「今、私は生きている！」と実感します。

ネガティブな気持ちになっている時は、この喉が渇いている状態によく似ていると思うのです。

ネガティブ感情が湧き出てくるのは、心が満たされていない時です。どうしても心が不安定になりますが、これは夢を叶える前に必要なプロセス。

なぜなら、**人は「何かが足りない」という欠乏感を感じた時に本当にしたい**

ことが見つかるからです。

真夏の炎天下に外を歩いて、喉がカラカラに渇いた状態になって初めて、「冷たい水が飲みたい!」と感じることができます。

喉が渇いている時は、悲観的な気持ちになるかもしれませんが、このプロセスがあるからこそ、本当に望んでいるものがわかるのです。

今、ネガティブ感情が渦巻いているあなたは、炎天下をさまよっている人と同じ。探しものが見つかる直前にいます。私から見ると、**ピチピチしていてフレッシュで、この先の成長が楽しみな人**たちです。

気持ちが後ろ向きだと感じた時は、ぜひ**自分自身に「私は何がしたいの?」と問いかけて**みて。きっとあなたに〝未来からの招待状〟が届くはずです。

夢ドリル 9

心が不安定な時こそ、「本当の望みは何か?」と耳を傾けて

10

「できない自分」は「できる自分」に気づくきっかけ

Date
/ /

私のセミナーに来られる人は、「できない自分」に悩んでいる人ばかり。

でも、何をやってもダメと思っている人も、本当はできることがいっぱいあります。

私たちの意識が「できない自分」に向くのは、じつは無理のないことなのです。なぜなら、**「できない」ことのほうが「できる」ことよりも少ない**から。

今、目の前に白い紙があるとイメージしてください。そして、そこに黒いボールペンで2、3個の小さな点をポツンポツンと描いてみましょう。

その紙を見た時、あなたの目はどこで止まりますか？

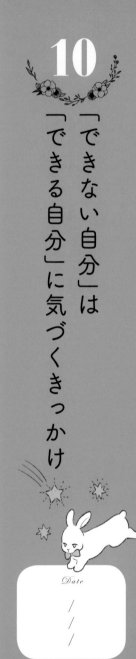

多くの人は小さな黒い点に目がいきますよね。反対に、白い部分は気にも留めないと思います。

目が止まる小さな黒い点が「できない自分」、気にも留めない背景の白い部分が「できる自分」です。

「できない自分」にイライラしたり、落ち込んだりするのは、小さな黒い点に惑わされているだけ。本当にわずかな部分だからこそ、かえって気になってしまうのですよね。


「なんで、できないんだろう」

そんな気持ちになった時は、**「できない」から少し距離を取ってみませんか？** 白い紙の上には無限の可能性が広がっています。

夢ドリル 10

小さな黒い点に惑わされずに「できる自分」を見つめよう

子どもの頃に周囲からインプットされた情報をもとに、自分のつくった思い込みの枠に自分をはめ込んでいるのです。

思い込みで跳ばなくなったノミを、もう一度コップの外まで跳ぶようにするのは、じつはとても簡単。本来の能力を発揮できるノミ、つまり身長の100倍跳べる新しいノミをコップの中に入れればいいのです。

新しいノミには思い込みがないので、元気よくコップの外に跳んでいきます。そして、その様子を見ていた他のノミたちも自分の可能性に気づいてまた跳ぶようになるのです。

私たち人間も、思い込みの中で生きることはありません。いつでも自由に枠の外へ出ることができます。

自分の新たな可能性を信じて、何かにチャレンジしてみてはいかがでしょうか。

Column 2

思い込みで跳べなくなったノミが自分の可能性に気づく方法

ノミは自分の身長の約100倍の高さまで跳ぶことができるそうです。体長は3ミリほどですから、30センチはピョンと跳べるのですね。

でも、ノミをコップに入れてフタをしておくと、ノミはだんだんコップの高さまでしか跳ばなくなります。

不思議なことに、コップのフタを開けても、そこから飛び出すことはありません。フタをしている時と同じ高さのジャンプを繰り返すのです。

これは、ノミがコップの中の環境に慣れて「自分はこの高さまでしか跳べない」と思い込んでいるためです。本当は跳ぶ力があるのに、自分が跳べていないことにも、フタが開いていることにも気づかなくなっているのです。

こうした思い込みは、私たち人間にもあります。

「これが普通」

「私はここまでの力しかない」

11

「羨ましい」「妬ましい」の奥に素直な心が隠れている

Date
/ /

世の中の人間は、憧れの人が現れた時、「いいな！　真似してみよう」と思うか、「羨ましい」「妬ましい」と思うか、２パターンに分かれます。

「羨ましい」「妬ましい」という感情は、「自分にはなくて、あの人にはある」というところから始まります。そして、憧れの人と自分を比べ、「ない自分は情けない」と感じることが、「自分は劣っている」という「劣等感」につながっていきます。こんな感情は誰も感じたくありませんから、憧れの人にこれ以上近づきたくないと考えるようになってしまいます。

多くの人が「羨ましい」「妬ましい」という感情を嫌なものだと思い込み、「劣等感」につなげてしまうのですが、この感情の奥には、「自分もそうなりたい」と思っている自分がいます。じつは「羨ましい」「妬ましい」は、素直でとても前向きなのです。

そう思うと、私には「羨ましい」も「妬ましい」も、憧れに目をキラキラさせているかわいらしい感情に思えてきます。

劣等感を抱く前に、自分の感情にもっと素直になってみませんか？　そうすれば、夢を叶えている人にお話を聞きに行くこともできるし、どうやったら叶うのか教えてもらえるかもしれません。

「羨ましい」「妬ましい」の感情に素直になるか「劣等感」につなげてしまうかで、夢への距離は変わってくるのです。

夢ドリル 11

「羨ましい」はかわいらしい感情。
素直になって憧れの人に会いに行こう

12

「嫌」「NO」の選択肢はみんなが持っている

Date
/ /

人から頼まれごとをした時に、「本当はやりたくないな。嫌と言いたい……」と思っても、断れずに引き受けてしまった経験はありませんか？

責任感が強く、真面目な人ほど、頼られたら応えなくちゃという気持ちがあって、「NO」が言えません。そんな気持ちの奥にあるのは、「嫌われたらどうしよう……」「失望されたくない……」という感情。不安感から断れずに一人で抱えてしまうのです。

こんな悩みを持っている人に伝えたいのは、「**嫌と言ってもいいんだよ**」ということ。誰にでも、嫌なものは嫌と言っていい自由があります。

「嫌」と言ったからといって、相手があなたを嫌いになるとは限らないのです。むしろ、あなたの正直な気持ちを知って、関係性がもっと深くなるかもしれません。

そして、これはあなたの頼みごとを相手が断った時も同じ。断られたからといって、相手があなたを嫌っているということではありません。相手にも「NO」と言う自由があるのですから。

断られた時には「なぜ？　どうして？」と悩まずに、「そうか、○○さんは嫌なんだな」と、ただ相手の選択を受け止めて。嫌だと言う時も、言われた時も、あなたはもっと気楽にコミュニケーションを楽しんでいいのです。

夢ドリル 12

素直にNOと言ってみよう。それでも人間関係はうまくいく

13

「嫌だな」と思う気持ちはミラクルが起きる前兆

Date

/ /

あなたは、電車に乗った時に、どんなことをしていますか？　今の時代、ほとんどの人はスマホを使って動画やＳＮＳを見ていると思います。

先日、友人が「電車で座っていたら、空いているのになぜか私の前に立つ人がいたんだよね」と不満そうに話し始めました。

「目の前に人が立つとダメなの？」と聞いてみると、「なんだか邪魔されているみたいで、嫌じゃない？」という返事が返ってきたのです。

友人は顔を上げた時に視界が遮られるのが嫌だと言いますが、私にはその状況がむしろラッキーに思えます。よそ見をしないほうが、自分のしたいことに没頭できるじゃないですか。好きなことに集中できたほうが、移動中の電車も

楽しく過ごせます。

誰にでも、生活の中でちょっと嫌だなと感じる場面があると思います。でも、嫌な気持ちを引きずるのは人生もったいない。そういう時こそ、**「自分のしたいこと」を探してみて**ください。

「嫌だな」と感じるのは自分がしたいことを邪魔された時。**「嫌だな」と感じたからこそ「私はこうしたい」が見つかる**のです。

人はやりたいことをすると、楽しくなってきます。そして、ワクワク感が大きいほどミラクルは起こりやすくなります。

「嫌だな」と感じるのは、ミラクルが起こる合図。そう考えると、嫌な感情もちょっと減って、今日、何が起こるのか楽しみになってきませんか？

夢ドリル 13

「嫌だな」と思った時こそ、本当にやりたいことを見つけよう

14

気分が落ち込むのは、お月様の仕業です

Date
/ /

人生は山あり谷あり。

自分の思うように進まない時もあります。でも、「私って、ダメだな～」なんて、落ち込む必要はありません。

なぜなら、それは**お月様の仕業**だからです。

人の体は、月と深く関わっています。

体に関する漢字には、肝臓、腎臓、胃、脳など、どこかに「月」が隠れていますよね。これらの「月」の部首は「肉」の字の象形ですが、古くから人の体と月には深い関係があるといわれていますから、お月様と同じ漢字に変形した

ことにも意味があるように思えてきます。

また、月の影響は女性のほうが受けやすいともいわれています。生理の周期が月の満ち欠けとほぼ同じであることを考えると、やっぱり関係があるんだなと思えてきます。

お月様は大体ひと月周期で満ち欠けを繰り返しています。細くて消えそうな三日月の時もあれば、まんまるの満月の時もあります。

じつは、この**月の満ち欠けが、私たちの心にも大きく影響しているの**です。

月の満ち欠けを人のお腹に例えると、
満月はお腹がいっぱいの「超満腹」。

新月はお腹がペコペコの「超空腹」。

満腹の時と空腹の時では、気分もまったく違いますよね。

例えば、スーパーでお買い物をする時はどうですか？

お腹がいっぱいの時に買い物をすると、「食べたいものが何も浮かんでこない。晩ごはんどうしよう」と、メニューを考えるのもひと苦労です。

反対に、お腹が空いている時に買い物をすると、「あれも食べたい！　これもおいしそう！」と、気づくと買い物かごが山盛りに……。あなたも身に覚えがあるのではないでしょうか。


新月の直前は、心がまさに空腹の状態です。

「自分には何かが足りない」

「足りない私は、ダメなんだ」

と、どこか満たされずに、気持ちが落ち込みやすくなりますが、これはお月様がわざとしていること。

心が空腹状態になる時は、お月様があなたに必要なものを気づかせようとしているると思えばいいのです。

夢ドリル 14

心がダウンした時は、お月様とおしゃべりしよう

なんとなく**気持ちが落ち込んでいる時は、夜空の月を眺めてみて**ください。

そして、

「うまくいかないのは、お月様の合図だよね」

「私は何がほしいのかな？」

と、**お月様と会話してみて**ください。

地球のどこにいても、夜空を見上げれば、いつでも、どこでもお月様はあなたを見守ってくれています。

新月から満月へ、月が満ちていく様子を見ながら、「満月になる頃には、望みが叶うよね」と、ワクワクした気持ちを楽しんで。あなたの気持ちもだんだん穏やかになっていきます。

15
ショーウィンドーに映る自分ににっこり

Date

「あゆちゃんって、自分が大好きだよね〜」

私はよく、友だちにそう言われます。

カフェでおしゃべりをしている時、誰かとショッピングをしている時、気づくとショーウィンドーや鏡に映った自分に、にっこりと笑いかけていたりするからです。

自分でも時々、「私、なんで笑ってるんやろ?」と、その行動にさらに笑ってしまうことがあります。

身だしなみのチェックをしているわけではないし、「かわいい私」を確認しているわけでもありません。映っている自分を見ているというよりも、「また会えたね」と、もう一人の自分に挨拶している感覚に近いかもしれません。

大抵の人は、街中で自分の姿がどこかに映っていると、つい身だしなみチェックをしがちです。

「今日の洋服のコーデ、変じゃない？」
「メイク、崩れてない？」
「髪、乱れてない？」

などなど、おかしいところはないかと確認するのは、よくあることですよね。マナー的にはそれも大切ですが、私は**自分と会えたことをもっと喜んでほしい**と思うのです。

一日のうちで自分と会う機会はそれほど多くはありません。朝、顔を洗ってメイクをした後は、次の日の朝までじっくり鏡を見ることはない、という人も多いのではないでしょうか。

だからこそ、思いがけないところで自分に再会すると、「わ、会えた」と思うし、自分がとても愛おしい存在に思えてきます。

やっぱり、私は自分が好きなのですね（笑）。

私の母は、昔から「鮎香は宇宙からの預かり物」というのが口グセでした。子どもの頃からずっとそう言われて育ってきたからか、私自身は、自分が自分のものではないという感覚が強いのかもしれません。

人のことも、自分のことも、同じくらい愛おしく感じます。

この感覚は、**お母さんが自分の子どもを愛する感覚**と似ています。他人が見て、かわいいとかブサイクとかは関係ありません。特別で尊い存在として、ただただ愛おしいのですよね。

あなたも、ぜひ、この感覚を味わってみてください。

今日、外で自分に出会ったら、身だしなみのチェックではなく、

「○○ちゃん（自分の名前）、また会えたね！」

夢ドリル 15

街中で出会った自分に「また会えたね！」と挨拶しよう

「また会えて嬉しい」

「今日もいい感じだね」

と、自分自身に笑顔で挨拶をしてみましょう。


もう一人の自分を大切にすることで、あなたの自己重要感がアップして、自分に自信を持てるようになっていきます。

16 頑張れない人ほど夢は叶う

Date
/
/
/

私は、夢を叶えるのに「頑張り」は必要ないと思っています。

むしろ**「頑張らない人のほうが夢は叶う」**のです。

そもそも、人間は「楽しいこと」しかやりたくない生き物です。だから、無理やり「やる気を出さなきゃ！」と行動を起こしても、脳はストレスを感じて拒否反応を起こしてしまいます。


夢を叶えるために大事なのは、**「やる気」ではなく「乗り気」**です。

乗り気とは**「心がウキウキする」**こと。

あなたにとって、心がウキウキするのはどんな時ですか？

楽しいことを、たくさん、たくさんイメージしてみましょう。


大好きな人たちとおいしいごはんを食べている時。

朝寝坊ができる休みの前夜。

お気に入りの服を着てお出かけする時。


ウキウキすることって、本当は日常にあふれているのです。

そんな心のウキウキに気づくことができればしめたもの。ウキウキはいろいろなところに派生して、

「ちょっとやってみようかな」

「今日はなんだかうまくいく気がする」

と自然に元気や勇気が湧いてきます。

そして、その感情が行動へとつながるのです。


ある生徒さんは、自己評価がとても低く、すぐに落ち込んで何も手につかな

くなってしまうことに悩んでいました。

いろいろとお話を聞くうちに、根っこにご両親との関係があることがわかりました。本人も気づいていなかったけれど、両親に対する怒りを抱えていたのです。それが何事に対しても後ろ向きになってしまう原因だったのですね。

彼は、セミナーでワークを行うことで、和解や癒やしを心の底から手にすることができたと言います。両親との関係改善が、奥さんや子どもたちとの関係にもいい影響を及ぼしました。

さらには仕事にもやりがいを見出すことができたそうです。自信を得たことで前向きになり、自分の可能性を信じることができるようになった結果、なんと脱サラして起業までしてしまいました。現在も、新しい夢に向かってさまざまなことにチャレンジし続けています。

まさに前向きなウキウキ感情が、あらゆるところに派生した、素晴らしい例ですよね。

そんな彼にもお伝えしましたが、ここでポイントがひとつあります。

夢ドリル16
ウキウキすることをたくさん考えて、自分を「乗り気」にさせよう

乗り気になったからといって、頑張る必要はありません。**まずは「ひとくちサイズ」の行動から**始めましょう。

例えば、いつまでも健康で元気に暮らしたいなら、

「一日10回からスクワットを始めてみる」

「家の周りを5分だけ散歩してみる」

これくらいのことからスタートしてみましょう。

無理をしないことが夢を叶える秘訣だなんて、なんだかウキウキしてきませんか？

自分の意志でコミットメントすることで、ものごとは動いていくのです。

決断しても、途中で揺らぐことは誰にでもあります。その都度、改めて決断すればいいのです。それを繰り返していくうちに100％のコミットに達する時が必ずやってきます。

まずは、小さな決断から始めてみませんか？
生徒さんの中にも、「ずっと行ってみたかったカフェに行く！」「心が惹かれる服を買う！」「家族で旅行に行く！」など、これまでできそうでできなかったことをコミットメントしていくうちに、大きな夢を叶えられるようになった人がたくさんいます。
「私はこうしたい」を自分自身にしっかり意志表示して、コミットメント力を磨いていきましょう。

Column 3

「決断する」ことが夢のスタート地点

ハンバーガーショップのカウンターで、何を買おうか迷っている人がいます。「あれも食べたい、これも食べたい」と、考え始めるとなかなか決まらなくなるものですよね。その気持ち、よくわかります。

でも、そこで食べたいものを決めないと、ずっとオーダーできず、ハンバーガーを食べることができません。「本当にこれでいいの？」とか「私の判断は間違っていない？」など、不安な気持ちがあっても、「決断する」ことが大事なのです。私はこれを「コミットメント力」と呼んでいます。

ハンバーガーのようなささいなことから、未来を左右する大きなことまで、人生の中には、どうしようか迷うことがいっぱいありますよね。そんな時も、とにかく「私はこうする」と決めることが大事。

どちらか一方を選ぶのも、どちらも選ばないのも、両方とも選ぶのも、あなたの自由です。

第3章

使う言葉を換えれば、人生は好転する！

言霊である「言葉」は、私たちの想像をはるかに超えるパワーを持っています。
自分が使う言葉によって、あなたはハッピーにもアンハッピーにもなるし、あなたが家族や友人にかける言葉によって、人をハッピーにもアンハッピーにもすることができるのです。

夢を叶えて、人生にたくさんのミラクルを起こすためには「言葉」がとても重要な役割を担っています。
言葉のチョイスを意識するだけで、人生は大きく好転していきます。

夢を取り《トリ》に行く「夢ドリ語」と、夢を捨て《ステ》てしまう「夢ステ語」の２種類の言葉の意味を知り、よりポジティブになれる「夢ドリ語」をどんどん使っていきましょう。

言葉は人間が自由に使いこなすことのできる「魔法」なのです。

17

朝、自分に「おはよう」の挨拶をしよう

Date
/ /

朝、目覚めたら、あなたは最初に誰に挨拶をしますか？

パートナーだったり、お子さんだったり、ペットのわんちゃんだったり、そばにいる誰かと答える人がほとんどだと思います。また、一人暮らしの人は、声を出さないまま家を出るかもしれません。

だけど、一番大切な人を忘れていませんか？

そう、あなた自身です。


「○○ちゃん（自分の名前）、おはよう！」

こんなふうに、**起きたらすぐに自分に声をかけてあげて**ください。そして、

「今日も大好きだよ！」

「いつも愛してるよ！」

という言葉も忘れずに、**自分をハグして**あげましょう。最初は照れてしまうかもしれませんが、大事なのは、**人の存在を意識するのと同じくらいに、自分のことも意識して、大切にする**こと。

自分を置き去りにしないで、毎朝、「愛してるよ」っていっぱい言ってあげてください。それだけで、本当に人生は変わっていきます。

言葉には、パワーがあります。

講演会やセミナーでも紹介しているお話ですが、私は以前、みかんを使って言葉の力を比べてみたことがあります。

ひとつのみかんを半分にカットして、一方のみかんに「大好き！」、もう一方のみかんに「キモい」と朝晩、声をかけるという実験です。

開始から日にちが経つほどに、それぞれのみかんの状態には驚きの違いが見えてきました。

「大好き！」と声かけをしていたみかんは、日にちが経っても大きな変化はなく、キレイなままでした。

一方、「キモい」と声かけをしていたみかんは、数日後にはみかんが見えなくなるほどカビにビッチリと覆われてしまいました。

かける言葉の違いだけで、こんなにも状態が変わるとは！　言葉の力がこれほど大きく影響するのかと、私自身も驚きました。

そして、じつはもうひとつ、別のみかんに違う実験を行っていました。このみかんは「キモい」よりもさらにひどい状態になりました。一体、どんな実験だと思いますか？

答えは、「無視」です。

言葉すらかけずに、ずっと無視し続けた結果、そのみかんは、みかんだとわからないほど得体の知れないものに変わってしまいました。存在を無視される

向かって左側のみかんに「大好き！」というプラスの言葉、右側のみかんに「キモい」というマイナスな言葉をかける実験。

声をかけた2つとは離れたところに置き、10日間無視したみかん。

※著者個人の実験です。

ことは、それほどまでにダメージを受けることなのだと感じました。

私のセミナーには、たくさんのお母さんたちが参加してくれています。最初、ほとんどの方は**自分自身の望みを叶えることを後回しにして、「周りの人が幸せならば私も幸せ」と思い込んでいます**。それは、自分自身を無視していることなのに、それにすら気づいていません。

ある生徒さんは、セミナーに通ってこのことに気づき、自分自身の夢を叶えることが、周りの人々の幸せにもつながると知ったとおっしゃっています。

彼女は現在、心理カウンセラーになる夢を叶え、月の半分は全国を飛び回る生活。家族のために家事は自分がするのが当たり前と思っていたけれど、今では子どもたちが食事をつくってくれたり、旦那さんが掃除や洗濯をしてくれたり、できる人が家事をしているそうです。

夢を叶えて、自信を持って仕事をしているお母さんの姿を見せることで、子どもたちは支え合うことを知り、しっかりと自立していくのですね。

家事や仕事、子育てなど、いろいろなことに気を取られていると、知らず知らずのうちに自分を無視してしまいます。

まずは、自分自身に「愛してる！」「大好き！」など、どんどん愛のある言葉をかけて、言葉のパワーをいただきましょう。

夢ドリル 17

「大好き！」と愛ある言葉をかけて、自分をハグしよう！

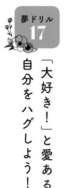

18 嫁入り道具に持たせたい、夢が叶う3つの言葉

Date
/ / /

言葉には、不思議な力が宿っているといわれます。その中でも特に重要なのが、この3つの言葉。それこそ「娘の嫁入り道具に持たせたい」と思うくらい、いつでも、どんな時でも大切にしたい言葉です。

ありがとう。
ごめんなさい。
助けてください。

あなたは、普段から周囲の人にこれらの言葉をきちんと伝えていますか？

とても身近な言葉ですから、ちゃんと言えていると思っている人も多いでしょう。でも、意外と心の中で言っているばかりで、きちんと口に出して伝えていなかったりします。

「ありがとう」は、「有難う」。つまり**「有ることが難しい」**ということ。**普段は当たり前と思っていることにも、「貴重だ」と深く感謝することで、夢が叶いやすくなっていきます。**

「ごめんなさい」は**相手を敬い、自分の気持ちを届ける言葉**。つまり、心を開く鍵となる言葉です。**素直に伝えられれば、相手との関係もうまくいき、ものごともいい方向に向かいます。**

「ごめんなさい」と「ありがとう」の2つの言葉より、言いにくいのが「助けてください」かもしれません。

日本人は人に弱さを見せるのが苦手です。頑張っている人ほど、「助けて」が言えなくて、自分でなんとかしなければと思ってしまいます。

私はどちらかというと、人に「助けて」とお願いするのは得意なほうです。

そんな私も、離婚当時は「助けて」と言うことができませんでした。

「自分のわがままで離婚したんだから、甘えてくるな」

そんな空気があるのも確かですが、そう思われるだろうと勝手に思い込んでいたのです。


でも、**助けてほしい時には、助けてもらっていい**のです。

「手が届かないので、上の荷物を取ってください。力を貸してください」

「お昼までにこの作業を終えたいので、ちょっと応援お願いします」

普段から、こんな言葉をごく自然に使えるように練習してみましょう。

まずは、**小さなヘルプをお願いすることから始めてみる**といいかもしれません。小さなことなら、頼んだ相手にも気軽に引き受けてもらえそうですよね。

「助けて」と言えないのは、「頼んで断られたら嫌だな」とか、「NOって言われたらどうしよう」とか、そんな不安があるからです。

真面目な人ほど、人から頼まれごとをしたら応えないといけないと思ってしまうもの。自分自身が「頼みごとを断るのは悪いこと」だと思っているから、相手もそうだと思い込んでいるのです。

頼みを断られたからといって、相手があなたを嫌いなわけではありません。相手には相手の選択の自由があるというだけのこと。そこに囚われて、悩む必要はありません。

困ったことがあったら、一人で無理をしないで、周りの人に、「助けてください」とお願いしてみましょう。

本当に助けが必要な時には、必ず助けてくれる人が現れます。

夢ドリル 18

「ありがとう」「ごめんなさい」「助けてください」普段から口に出して伝える練習をしよう

そんな母の影響からか、私も幼い頃は自分一人で頑張らなくてはと思っていました。

　ところが、10歳の時に腎臓病を患い、1年間の闘病生活を送った経験から、私の考えはすっかり変わりました。

　病院のベッドでは、ほとんど動くことができません。何かをしたかったら、助けてもらうしか方法はなかったのです。

「動けないけど、あの本が読みたい」

「買いに行けないけど、ノートとペンがほしい」

　自分一人では何もできないので、選択肢は諦めるか、助けてもらうかです。私は、諦めたくなかったので、周りの人に「助けて」「力を貸して」「応援して」と、助けを求めたのです。


　この諦めない経験が、今の私にも生きています。

　諦めてしまったら夢はそこで終わります。

　でも、諦めなければ、夢が叶う方法は必ず見つかるのです。

Column 4

諦めなければ、夢を叶える方法は必ず見つかる

母は、一人っ子の愛娘の将来を心配してか、幼い私に「鮎香は一人では何もできないね」「ちゃんと一人で生きていけるようになりなさいよ」と言ってくれることがありました。

そのおかげで、私は人よりも少し、助けてもらうのがうまくなったのかもしれません。

一人でなんとかできる人は、なかなか人に助けを求めることができません。私は「一人では何もできない」と言われてきたおかげで、自分では何もできないけれど、みんなに助けてもらえる人になりました。みんなと一緒にビジネスを成功させたり、社会貢献活動に挑戦したり、ちゃんと生きていくことができています。

そんな私を見て、母は「私が間違っていたかも」と笑っていました。

母はスーパーウーマンで、人一倍の頑張り屋さん。人に助けてほしいなんて絶対に言いません。

19 夢談義をして「絶対叶うよ」と言い合おう

Date

/ /

/ /

/ /

誰かと夢を語り合うって楽しいですよね。

自分の夢を聞いてもらうのも嬉しいし、相手の夢を聞いてワクワクするのも嬉しい。お互いに、ああしたい、こうなりたいと話すうちにワクワクがどんどん大きくなって、夢は実現に向けて形になっていくのです。**ワクワクの相乗効果**です。

そして、夢を語り合う時は、こんなふうに言葉を交換し合いましょう。

あなたは相手に**「あなたの夢は絶対叶うよ」**

相手からもあなたに**「あなたの夢も絶対叶うよ」**

「なんで、そんなことが言えるの？」

と、思う人もいるかもしれないけれど、根拠はなくてもいいのです。

大切なのは**「絶対にうまくいく！」、そう信じて疑わないこと**。そうすれば、うまくいく世界につながります。

「うまくいくといいな」

という言葉の裏側には、

「うまくいかないんじゃないかな……」

という気持ちが潜んでいたりします。その不安が夢までの距離を遠くしてしまうので、**「絶対に叶う」と言い切って**ください。


私には、子どもの頃、両親が離婚して、父と一緒に暮らせない時期がありました。私自身も離婚を経験して、子どもと暮らせない時がありました。

それでも私は、両親とも、子どもとも一緒に暮らすことを夢見ていたし、絶対に暮らせる日が来ると信じていました。

そして、今はそのどちらも叶い、みんなで仲よく暮らしています。

夢を信じるパワーはすごいのです！

あなたの夢も、「絶対叶う」と信じて言葉にしていれば必ず叶います。

周りの人の夢も、「絶対叶う」と信じて応援していれば必ず叶います。

たくさんの人たちと、たくさん夢を語り合い、ワクワクを楽しみながら、それが叶う時を待っていましょう。

出会った人と仲よくなるきっかけに、こう聞いてみてください。

「あなたの夢はなんですか？」

いきなり質問するのが難しかったら「夢ドリ名刺」を交換しましょう。

「夢ドリ名刺」とは、**誰とでも夢を語り合えるきっかけになる魔法のカード**。

未来の夢を先取りするための名刺です。

「夢ドリ名刺」にあなたの夢を書き込んで、仲よくなりたい人に渡しましょう。

相手にもまっさらな「夢ドリ名刺」を渡して、書き込んでもらいましょう。

記入例

・私は1年後にカフェのオーナーをしています
・私は100万円の臨時収入が入ってイタリアへ旅行しています
・私は手足が長くて愛おしいと感じる人と結婚しています

お互いの「夢ドリ名刺」を交換すれば、そこから夢談義がスタートします。大いに夢を語り合って、イメージをどんどん膨らませてください。あなたの夢も、相手の夢も、必ず叶います。

巻末に、すぐに使える「夢ドリ名刺」をつけました。夢を叶えるコミュニケーションツールとして活用してくださいね。

夢ドリル 19

誰かの夢に「絶対叶うよ！」とエールを送ろう。それが自分にも返ってくる

20

いい言葉で、いいイメージのスイッチオン！

Date
/
/
/

「みなさん、ピンクのゾウをイメージしないでください」

私はセミナーで、よくこの「ピンクのゾウ」の実験をします。

「ピンクのゾウにサングラスをかけないでください」
「ピンクのゾウの尻尾にリボンを結んだりしないでくださいね」
「ピンクのゾウに乗って『イエーイ！』なんてポーズをしないでください」

次々にお願いをすると、どうなると思いますか？

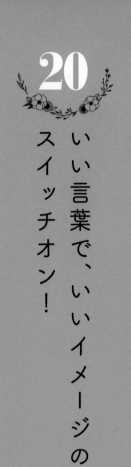

「イメージしないで」とお願いしたにもかかわらず、全員の頭の中に間違いなくピンクのゾウが浮かんでいます。

今、このページを読んでいるあなたも、頭の中がピンクのゾウでいっぱいになったのではないでしょうか。イメージしないでと言われても、**言葉にすることで、人の頭にはそのイメージが自然と描かれてしまう**のです。

言葉というのは、**言《こと》の「葉」っぱ**と書きます。

自分の口から発した言葉は落ち葉となって、自分の人生の栄養となっていきます。あなたが使った言葉はあなた自身

「ピンクの象をイメージしないでください」

「キリンをイメージしてください」

の栄養になり、**あなたの「声」が「肥え」になる**のです。

だからこそ、言葉選びはとても大切になってきます。できるだけ自分にとっていい「肥え」になる言葉を使うようにしましょう。

これもセミナーでよくお話をするのですが、**私たちの中には、自分のことを応援してくれる神様がいる**のです。私はこの神様を「リトル・ゴッドさん」と呼んでいます。

リトル・ゴッドさんはあなたのことをすごく愛していて、いつでもあなたの願いを叶えようと応援してくれています。そして、あなたの声にいつも耳を澄ましています。

しかも、リトル・ゴッドさんはとてもピュア。あなたの発した言葉だけを「そうなってほしいんだ」と素直に受け取ります。

例えば、あなたが友だちとケンカして、家族に「あの人、性格悪いよね！」なんて、つい言ってしまった悪口も、「そうか、性格が悪いほうがいいんだ」と、それを実現しようとします。これでは、ものごとをいい方向に進めるのは難しいですよね。

自分の口から発する言葉は、できるだけいいものを、自分自身が楽しくて、ワクワクするものを使うことが大切です。

ちょっとした言葉選びで、リトル・ゴッドさんに届くメッセージも変わっていくのです。

「失敗しないように」から「成功するように」

「こうならないように」という否定語ではなく、「こうなるように」という肯定語を選び、人生の肥やしとなる言葉をどんどん発していきましょう。

夢ドリル 20

「失敗しない」を「成功する」に。
前向きな言葉の使い方を練習してみよう！

例えば、健康で長生きすることがあなたの願いなのに、「病気になりませんように」とお願いすると、「病気」という言葉がピックアップされてしまい、「そうか、病気になりたいんだね」と、リトル・ゴッドさんはあなたを病気にさせようと働きます。

リトル・ゴッドさんに応援をお願いする時は、「～しないように」という言葉は使わず、「～になって嬉しい」という言葉で伝えて。

「健康で元気に暮らせて嬉しい」

「元気だから友だちと旅行にも行けて楽しい」

など、健康で元気な自分をイメージして、リトル・ゴッドさんにワクワクを伝えてください。そうすれば、あなたはきっと長生きできます。

Column 5

リトル・ゴッドさんは、あなたのお腹にいる

あなただけの神様「リトル・ゴッドさん」は、どこに住んでいると思いますか？

神道の祝詞《のりと》の中には「高天原《たかまのはら》爾《に》　神留坐須《かむづまります》」という言葉があって、神様は高天原というところにいらっしゃるとされています。

この高天原の「はら」はお腹の「はら」にもつながっていて、リトル・ゴッドさんは、おへその下にある「丹田《たんでん》」と呼ばれるあたりで、あなたの声を聞いています。

リトル・ゴッドさんは、とても純粋な心の神様です。あなたのことをいい悪いとジャッジすることはなく、あなたのお願いごとをなんでも叶えようとしてくれます。

それだけに、お願いの仕方にはちょっとしたコツがあるのです。特に重要なのが、

「夢ドリ語＝肯定語」

でお願いごとをすること。

21

「なんで？」は可能性を消し去る悪魔の質問

Date

/ /

あんなふうになりたい。

こんなふうになりたい。

夢を描くのは素晴らしいことです。気持ちが前向きになり、夢を叶えるために行動を起こします。だけど、最初はワクワクしていても、しばらくすると、耳元でこんなささやきが聞こえ始めてきませんか？

「なんで、私はこんなこともできないの？」

「なんで、私はこうなの？」

夢を叶えたいと思った瞬間、人は未来を見ます。「こうなりたい！」と思った未来の高みに意識が飛んでいくのです。すると、急に**未来の高みから今の自分を見下し始めてしまいます**。

「なんで？」は、否定的な自分を呼び起こす「夢ステ語」であり、**「悪魔の質問」**なのです。この問いかけからは、前向きな気持ちは生まれてきません。

例えば、セミナーで「あなたは、なんで、風邪を引いたのだと思いますか？」と質問をすると、みなさんからはこんな答えが返ってきます。

「湯冷めしちゃったから」
「忙しくて寝不足だったから」
「薄着をしてしまったから」
「手洗い、うがいをしなかったから」

さて、これらの答えを全部集めると一体何ができると思いますか？

それは、「風邪を引く方法」です。

うまくいっていない時に自分に問いかける「なんで？」からは、可能性を失

う方法しか見つかりません。

自分に「なんで？」と問いかけて夢を諦めてしまう人も多いのです。自分の可能性を自分で否定して、無意識のうちに「できない」という鳥かごに自ら入ってしまう。そして**「どうせ私にはできないから」と、夢を持つことすら放棄してしまう**こともあるのです。

せっかく夢を描き、叶えたいと思ったのに、たったひとつの「悪魔の質問」で諦めてしまうなんて、もったいないですよね。

もし頭の中に「なんで?」の質問が浮かんできたら、

「あかん！　悪魔が出てきた！」

と気持ちを切り替えていきましょう。

そして、「なんで?」ではなく、

「どうなりたいの？」

と、自分に問いかけてあげてください。

これは、**夢を叶える「夢ドリ語」**であり、**「天使の質問」**です。

天使の質問を知っていれば、悪魔がどんなにささやいても大丈夫。天使があなたを夢の実現に導いてくれます。

「なりたい自分」をイメージして、ワクワクをどんどん大きく育てていきましょう。

あなたの入っている「できない」鳥かごには鍵はありません。「天使の質問」を知った今、あなたはいつでも自由に鳥かごの外に出ることができるのです。

夢ドリル 21

「なんで？」と悪魔がささやいたら、すぐに「どうなりたいの？」と天使を呼び出そう

22

2ステップで夢を叶える天使の質問

私の娘は、高校3年生の時に一級建築士になるという夢を持ちました。この夢を実現するためには、大学受験という難関をクリアしなければなりません。

それまでの成績を考えると、もっと前から塾に通い、勉強をしないと受からないと思ったのですが、娘の大切な夢なので、受かると信じて全力で応援することにしました。

目標を決めた後、初めての模試。点数は合格ラインにはほど遠いものでした。

そして娘は、

「なんで、私はできなかったんだろう?」

とかなり落ち込んでいました。

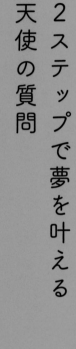

この「なんで?」は「夢ステ語」であり、「悪魔の質問」です。

「なんでわからないの?」「なんでミスするの?」など、この質問からはいい点数が取れない方法しか出てきません。これを何度繰り返しても、絶対に夢は叶わないのです。


とはいえ、娘は自分の夢のために着実に進んでいます。模試にもチャレンジしたし、そのための勉強も始めました。とても素晴らしいことですよね。

そこで私が娘の夢を叶えるためにしたことは、「悪魔の質問」を「天使の質問」に変えること。


天使の質問は「どうなりたいの?」と「なんのために?」の2つのステップを踏みます。


悪魔の質問を自分にぶつけている娘に、私は、

「あなたはどうなりたいの?」

とたずねました。すると娘は、

「一級建築士になりたい」

と言います。続いて、

「なんのために一級建築士になりたいの？」

とたずねると、今度は、

「家族が一緒に食卓を囲める居場所をつくりたい」

と答えました。

両親が離婚して母親と会えない時期もあって、そんな経験をした娘は、家族の居場所をつくることで家族を喜ばせたかったのです。

自分自身でこの答えを出してから、娘の夢は実現に向かってものすごいスピードで進み始めました。

高校3年生になってから受験勉強を始めたけれど、その後の勉強の成果はめざましく、受験した大学にはすべて合格したのです。

1ステップ目の**「どうなりたいの？」**という天使の質問によって、**現実の自**

分からしっかり未来を見上げることができます。

そして、2ステップ目の**「なんのために？」**という天使の質問によって、人は**自分の使命を思い出し、未来に向けてしっかりと杭を打ち込む**ことができるのです。

2つの天使の質問で答えを出せば、あとは**「夢は叶う」と信じて、行動するのみ**です。

あなたの中にいるリトル・ゴッドさんは、いつでもあなたの声を聞いています。もちろん、天使の質問の答えも。そして、夢を叶えるために、全力で応援してくれるのです。

夢ドリル
22

「どうなりたいの？」「なんのために？」あなたの夢を自分の中で再確認してみよう

23

「自分軸」の思考と言葉があなたを幸せに導く

Date
/ /

私の住む丹波《たんば》篠山《ささやま》の家では、子どもたちの夢を叶えるスクールを開校しています。きっかけは、本書の冒頭に書いたニコちゃんの言葉でした。私はニコちゃんの夢を叶えるためにスクールをスタートし、その第1回の生徒として、ニコちゃんを招待しました。あれから十数年、たくさんの子どもたちがスクールに参加してくれています。

ある日のこと、講座の途中で急に雨が降り始めました。

ふと目の前に座っていた男の子と女の子に目を向けると、さっきまで機嫌よく私の話に耳を傾けていたのに、男の子はとてもイライラしだし、女の子はさっきにも増してニッコニコしています。
「え、この違いは何？」そう思った私は2人に理由を聞いてみると、そこには**「思い込みの違い」**がありました。

男の子は5人兄弟の長男で、普段は都会の狭いアパートで暮らしています。雨が降ると外で遊べない弟たちが部屋の中を走り回ります。さらに、部屋干しされた洗濯物で部屋の中は蒸し蒸しするし、弟が暴れて洗濯物を落とし、お母さんが怒ることもしばしば。だから、雨が降った途端にその光景が目に浮かんで、無意識のうちに機嫌が悪くなってしまったのです。

一方の女の子は、丹波篠山の生まれです。おじいちゃん、おばあちゃんはお米農家で、雨が降るたびに「これでおいしいお米ができる。ありがとう」と、自然に感謝する姿を見て育ったそうです。だから彼女にとって、雨は恵みであり、雨を見ると嬉しくなってくるのです。

同じ現象に対して、「～のせい」と言う人と、「～のおかげ」と言う人がいます。そのため、まったく同じ「雨が降る」という現象なのに、人によって気持ちは大きく変わるのです。

男の子は、雨のせいで機嫌が悪くなりました。雨が止まないと、イライラは収まりません。つまり、自分の感情が他のものによって決められているのです。このように**自分以外に依存するものの考え方**を**「他人軸」**といいます。**「～のせい」は可能性を失い、人を無力にする言葉**です。「私のせい」「自分のせい」というのも、自分を軸にしているようで、自分自身をできない理由にしている他人軸の考え方です。

反対に、女の子は雨が降っても機嫌が悪くはなりません。それどころか、雨のおかげで余計に幸せな気持ちを感じていました。こんなふうに**他人に振り回されないものの考え方**を**「自分軸」**といいます。

「～のおかげ」は可能性を広げ、人が主体的に動く力になる言葉です。**「～のせい」を「～のおかげ」に変換するだけ**でも、今まで気づけなかった、あなたの根本的な要求が見えてきます。

例えば、お仕事で〆切を守れないことに悩んでいる場合、「〆切を守れないせいで」を「〆切を守れないおかげで」に変換してみましょう。

「〆切を守れないおかげで」今の状況になっているのは、「いいものをつくるために、時間をかけて吟味したい」という気持ちがあるから。まずは、完成度にこだわることのできる自分に自信を持ちましょう。そして、「守れない」「遅れないように」という負のイメージから抜け出すことが大切です。根本にある「いいものをつくりたい」というプラスの要求がわかれば、スケジュールに余裕を持たせたり、周りの人に協力してもらったり、それに応える方法は無数にあります。〆切を守れないという事態も解決できるようになります。

他人軸から自分軸にシフトして、あなたの可能性を広げていきましょう。

夢ドリル 23

「〜のせい」が頭に浮かんだら「〜のおかげ」に置き換えよう

24 「諭吉さん」と呼ぶだけでお金の流れが変わる

「あなたはお金が好きですか？」

そんなふうに聞かれたら、間違いなく「好き」と答えますよね。ほしいものを買うにもお金が必要ですし、どこか旅行に出かけるにもお金は要ります。

「私は大好きだからお金と仲よくしたいけれど、なかなか増えなくて」

と、思っている人は多いのではないでしょうか。

じつは、日本人はお金と仲よくなるのがあまり得意ではありません。

好き好きと言いながら、どこかお金に対してネガティブなイメージが抜けきらず、**お金を手に入れることに罪悪感を覚えている**からです。

私自身も、もともとお金に対してネガティブな感情を抱いていました。「なぜ、こんなにたくさんお金に対してのブロックがあるんだろう?」と感じていたある日、メンタルトレーニングの講座で師匠から面白いお話を聞きました。日本人がお金と仲よくなれないのは、「時代劇」のせいだというのです。

時代劇では、悪代官と悪徳商人によるこんなシーンが繰り広げられます。

夜、ろうそくの灯のもとに大判小判が出てきて、

「越後屋、お主も悪よのぉ」

「そういうお代官様も……」

といったやり取りを何度も見せられると、お金はなんとなく悪者のようなイメージになってしまいます。時代劇を直接観たことがない人にも、時代劇の価値観を持った家族や仕事先の人と触れ合うことで、お金に対するよくないイメージが伝わっていきます。

これが、多くの日本人が「お金＝悪者」というイメージを抱いてしまう原因なのだそうです。

私たちは、周囲からいろいろな情報をインプットされて成長します。自分自身がお金に意地悪をされたわけでもないのに、インプットされた情報からお金に対していい印象が持てなくなっているのです。

まずは、自分の中にインプットされた情報に気づき、

「お金は悪くない、もっと仲よくなれる」

と声に出して、情報を上書きしてください。

さらに、お金と仲よくなるには、親近感を持つことが何よりも大事。

「お金さん」「一万円さん」「諭吉さん」と呼んで友だちのように接してみるといいと思います。私は普段から「諭吉さん」と呼んで、お金と仲よくしています。この先お札のデザインが変わったら「栄一さん」でしょうか。これだけでも、本当にお金の流れが変わってくるから不思議です。

そして、お金さんがより力を貸してくれるのは、**多くの人が幸せになることにお金を使う時**です。

私が今住んでいる家は、建坪が100坪くらいある大きな家です。初めて見た時から、私はずっとこの家がほしいと願い続けてきましたが、1年後、ミラクルが起きました。ずっと叶うと信じ、願い続けた結果、本当に手に入れることができたのです。

後ほど詳しくお話ししますが、当時の私に家の購入資金があったわけではありません。

「この家で『夢を叶える学校』を開いて、たくさんの人に来てもらいたい。居心地のいい空間でみんなが癒やされてほしい」

そう願っただけです。手元にお金はなかったけれど、**たくさんの人を幸せにしたいという思いが、お金さんの力を借りられた最大の理由**だと思うのです。

夢ドリル 24

「諭吉さん」とフレンドリーに話しかけ、お金と仲よしになろう

25

「私はこう思う」。自分の存在を意識しよう

Date
/ /

「夫との会話がほとんどありません。夫は私に興味がなく、髪を切っても気づいてもくれない。私は愛されていないんです」

セミナーに来られる方の中に、自分は愛されていないと悩んでいる方がたくさんいらっしゃいます。

そんな時、私はまず、こうたずねます。

「あなたは自分とお話ししてる？　自分が抜けてない？」

気づいていないかもしれないけれど、**自分を透明人間にしてしまっている人は、とても多い**のです。

特にお母さんは、子どもを愛するあまり、自分の思いを見落としがちです。

例えば、家族5人で1ホールのケーキを食べるとして、旦那さんとお子さん3人、計4人分にケーキを切り分けたり、5等分したとしても、ちょっと大きいほうや見栄えのいいほうをお子さんに渡したりしていませんか。

別にお母さんがケーキ嫌いというわけではなくて、自分を食べる人数に入れていないことがあるのです。**無意識のうちに自分の存在を無視してしまう**のですよね。

家族に対してだけでなく、会社や学校、友人とのつき合いでも、つい「私はいいや」「私よりも先にしてあげないと」と自分を後回しにすることはないでしょうか。

いつも人のことばかり優先するのは「他人軸」の考え方です。他人軸の人は、周囲の状況に振り回されて、自分の本当の気持ちがだんだん見えなくなってしまいます。この状態では自分の夢もなかなか見つかりません。

人のためにしてあげることも大事だけれど、**他の人を思うくらいに自分のこ**

とも大切にしてあげませんか？

「私はどう思う？」

「私はどうしたい？」

「私はどうなりたい？」

と、**あなたの心に問いかけて**みてください。「私」を主語にした「自分軸」の考え方をすると、今までとは違う自分に気づけます。

「私が食べたい」時には、旦那さんやお子さんに遠慮して、「私はちょっとでいいや」なんて、自分の食べる量を少なくしなくてもいいのです。仮に、ケーキがひとつしかなくても、あなたが食べていいのです。

自分自身の存在を大切にすることで、自分に自信が持てるようになり、夢が叶う体質に変わっていきます。最初は練習が必要かもしれませんが、普段から**「私はこう思う」という感覚を大切に**していきましょう。

いつもならスーパーで「うちの子は、何が食べたいかな」と選ぶ食材も、今日は**「私は何を食べたいだろう」**と選んでみて。もしかすると、家族みんなが喜ぶような新しいメニューのレパートリーが増えるかもしれないですよね。

あるいは、友人とランチをする時、相手に合わせるだけではなく、「たまにはイタリアンもいいいんじゃない？」「ダイエット中だからカロリー低めの和食はどうかな？」などと、**自分の要望を伝えてみる**のもいいと思います。いつもと違う新しいお店を発掘できて、ランチがさらに盛り上がるかもしれません。

自分も人も大切にするというと、ちょっとよくばりに聞こえるかもしれないけれど、**「よくばり」すぎるくらいがちょうどいい**。そもそも、**自分を大切にできてこそ、人のことも大切にできる**のですから。**もっともっと自分を愛して**あげてください。

夢ドリル 25

今日の私は何が食べたい？
自分の気持ちを一番に聞いてみよう

ことに気づいたのです。

「〇〇ができる」は「能力」
「〇〇がしたい」は「才能」

息子は、サッカーがとても上手だったけれど、それは「才能」ではなくて「能力」でした。

例えば、小学生の頃、学校で文字を書く練習をしますよね。繰り返し書いて覚えるのは大事なことですが、字を書くことを楽しんでいるわけではありません。字を覚えなければいけないから書いているだけです。

つまり、どれほどうまく文字を書けたとしても、それは能力を使っているということ。字を書くこと自体を楽しめなければ「才能」は発揮できないのです。好きでなければ長続きしないし、途中で苦しくなってしまいます。

Column 6

心が求める「才能」を発揮する①

私の息子は、小さい頃、よくテレビでサッカーを見ていました。

「サッカー好きなの？　やってみる？」

と、ジュニアサッカークラブに通わせたことがあります。

すると、長距離も短距離も走れるし、両足のどちらでもボールを蹴ることができるし、コーチからは「才能」があるとほめてもらって、私まで嬉しくなりました。


でも数カ月後、息子はサッカーをやめてしまいました。サッカーを見るのは好きだけど、やりたくはないと言うのです。


そして、サッカーをやめた後、息子は自宅の水槽を覗き込んで、ひたすら魚を観察するようになりました。

私は最初、身体能力が高いのにもったいないなと思っていましたが、息子を見ているうちにあるちとおしゃべりをする機会はどんどん減っていきました。

周囲の期待に応えようと頑張りましたが、だんだんケガが増え、大きな病気もしました。

この時の経験から、「能力」を優先すると、心も体も疲れてしまうことに気づいたのです。


あなたが何かに挑戦したいと思っているなら、どうか、「能力」ではなく「才能」を大切にしてください。

できることではなく、やりたいことは何か。心が喜ぶことを選びましょう。それがあなたの本当の夢につながっているのです。

Column 6

心が求める「才能」を発揮する②

息子は今、柔道整復師として働いています。

今思えば、彼がサッカーをずっと見ていたのも、魚の観察を続けていたのも、生き物の動きや呼吸を見ることが好きだったのですよね。

息子の成長した姿を見ながら、これが息子の「才能」なんだなぁとつくづく感じます。

私自身は3歳からアルペンスキーを始め、高校3年生まで選手として活動してきました。

ただ、スキーが大好きだったわけではありません。たまたま人よりもスキーがうまくできたという「能力」で続けていたのです。

私が好きなのは、「しゃべること」です。

スキーの練習や試合に行くと、そこには友だちがいて、いろいろなおしゃべりができました。それが楽しくて続けていたのです。

ところが、運動神経がよく試合の成績もよかったので、個人種目に出場するようになると、友だ

26

「言える」は「癒える」。心が傷ついたら誰かに話してみて

Date　／　／　／

生きていれば誰しも、ショックなことが起こったり、傷つけられたりすることはあるものです。そんな時、責任感の強い頑張り屋さんほど、言いたいことが言えないのですよね。

「私さえ我慢すればいい」

「私が謝れば丸く収まるよね」

なんて、自分のことをなおざりにしてしまいがちです。

言いたいことが言えないのは、誰かを傷つけたくないという気持ちだったり、相手との関係が壊れるのを不安に思ったりする気持ちがあるから。つまり、相手を思うほど、言えなくなってしまうのですよね。

でも、**嫌な思いは胸の内に抱え込むよりも、言葉にして、声に出してどんどん体の外に出して**いきましょう。

当事者に面と向かって言えないなら、無理に言わなくてもいいのです。仲のいい友人や家族にあなたの気持ちを聞いてもらってもいいですし、有料でプロのカウンセラーに話を聞いてもらうのもいいと思います。

また、意外とおすすめなのが、カラオケで歌うこと。カラオケにはものすごい数の曲がありますから、自分の気持ちを歌詞に乗せて吐き出すこともできますよね。

「言える」は「癒える」。

気持ちを言葉にして、あなたの心を癒やしてあげてください。

夢ドリル 26

自分を癒やすベストソングを見つけよう！

27

嫌な思いは声に出して、心のクリーニング

「超ムカつく！　もう嫌！　やりたくない！」

心の中に、マイナスな言葉が浮かんでしまうこともありますよね。キレイなリビングに落ちているゴミが気になるように、こんな心の言葉を放置していたら心のモヤモヤもなくなりません。

誰かに対して「超ムカつく」なんて言うと、相手を傷つけてしまうかもしれませんが、自分一人で言う分にはＯＫ！　**車の中や自宅の部屋の中で、嫌な思いを思い切り叫んで、心のクリーニング**をしましょう。

心のクリーニングをしてモヤモヤを出し切った後は、

Date
/　/　/

夢ドリル
27

心のモヤモヤは、言葉にしてポイッ。心のゴミを吐き出そう

「神様、気持ちをお掃除させてくれて、ありがとうございます！」と、**リトル・ゴッドさんへのお礼を忘れずに**。あなたの中のリトル・ゴッドさんは、あなたの願いを叶えるために全力で応援してくれるのですが、ものごとの善しあしを判断しません。

「ムカつく！」と言うと「ムカつく」を応援してくれたりするので、ここでちゃんと誤解を解いておきましょう。お掃除だったと伝えれば、リトル・ゴッドさんも「つらい」や「ムカつく」を叶えようとはしません。

声に出すことに抵抗がある人は、**紙に書き出す方法もおすすめ**です。心のモヤモヤを紙に書き出して、ポイッとゴミ箱へ。最後にリトル・ゴッドさんに「お掃除させてくれて、ありがとう」と伝えて完了です。

心の中の余計なものが片づくと、純粋な自分の思いや願いに出会えます。心の定期クリーニングも、夢を叶えるために大事なことです。

28

寝る前の「今日も楽しかったね」が夢を叶える

Date
/ /

一日を終えて眠りにつく前、あなたはどんなことを考えているでしょうか？

「は〜、今日も疲れたな……」

「なんで仕事、うまくいかないんだろう……」

「あんなこと、言わなければよかった……」

これは、実際の状況をそのまま表現した「夢ステ語」です。失敗したことばかりにフォーカスしてしまい、一日の締めくくりを反省の時間にしてしまう人は多いのではないでしょうか。

もちろん、経験から学ぶことも大事ですが、**夢を叶えるために大切なのは、楽しく一日を終えること**です。

睡眠は、夢を叶える世界への入口です。あなたが叶えたいと願う「夢」も、眠っている間に見る「夢」も、どちらも同じ夢。眠っている間に見ている世界は、本当に夢の世界なのです。

夢を叶えるエネルギーは潜在意識の世界にあって、眠っている間はこの潜在意識が活発に活動します。だからこそ、寝る前にイメージしたものが、夢の世界につながりやすくなるのです。

私は眠っている時に夢を見ることがよくあります。今の家を手に入れた時もそうでした。

「自宅でみんなの夢を叶える学校を開きたい」

「たくさんの人が集まる家に住みたい」

そんなふうに願っていたある日、私の夢の中に大きな家が出てきました。その家は、当時私が住んでいた近所に建てられたモデルハウスでした。実際にモデルハウスに立ち寄ったことはなく、中を見学したこともないのに、夢の中では家の細部まではっきりと見えました。

大きな吹き抜けのあるリビング、玄関脇につながる茶室、2階にもアイランドキッチンがあって家族で囲めるダイニングがあって……。

後日、縁あってモデルハウスを訪れることになったのですが、中に入ってびっくり！　間取りも内装も、まさに私が夢の中で見たままでした。すべて自分が思い描いた通りの家だったのです。

そして、私はその家を自己資金ゼロ、住宅ローンゼロで手に入れることができました。途中でいろいろな課題も発生しましたが、不思議なことに次々とクリアされていったのです。

夢が叶っていく時には、見えない力がいろいろと動きます。**寝ている間に見る夢はその予告編**だったりします。映画の予告のように、自分の夢が叶う予告が見られたら楽しいですよね！

夢の世界でいい夢を見るには、自分の夢を潜在意識まで届ける必要があります。眠った後は自分でコントロールできないので、眠りの入口をどう迎えるかが重要になります。

ネガティブな考えでモヤモヤしたまま眠りにつくと、悪い夢を見る可能性が高くなります。ですから、今日どれだけ嫌なことがあったとしても、**嬉しかったこと、楽しかったことをひとつ思い出してから寝る**ようにしましょう。ささいなことでいいのです。

「今日はうまく挨拶ができた」

「新しい服をほめられて嬉しかった」

「ランチのコスパが思った以上によかった」

そして最後に、**「○○ちゃん(自分の名前)、今日も楽しい一日だったね! 愛してるよ!」**と、自分に語りかけてあげてください。

楽しい気分を入口に、いい夢を見ましょう。みなさん、おやすみなさい。

夢ドリル
28

今日の楽しかったことをひとつ思い出して。それが夢への扉を開ける鍵になる

29

絵本の読み聞かせがあなたの「幼心」を呼び起こす

Date
/ /

子どもの頃、お母さんに絵本の読み聞かせをしてもらった思い出はありませんか？　「絵本」と聞いて、自分のお気に入りの絵本が思い浮かんだ人もいるかもしれませんね。

じつは、お母さんが子どもに絵本の読み聞かせをする時、子どもに聞かせているだけではなくて、**自分の中にいる無邪気な「幼心」**にも語りかけています。

「幼心」とは、子どもの頃のあなたの心。大人になるとつい忘れてしまいますが、**誰の中にも「幼心」はずっと残っています。**

「幼心」は絵本が大好き。ですから、絵本を読むと「幼心」につながることができるのです。

「幼心」は純粋無垢で、疑うことを知りません。

例えば、子どもの頃、サンタクロースがいると信じて、クリスマスが近づくとワクワクしたものですよね。その時のまま、大人になってからも、「幼心」は「サンタさんはいる！」とずっと信じています。

ただ、私たちはいつの間にか世の中の常識の枠に自分をはめるようになり、「サンタクロースなんているわけない」と、その存在を疑うようになってしまいます。それとともに「幼心」が見えなくなってしまうのですが、あなたの中には今でもちゃんとサンタさんを信じる「幼心」があるのです。

夢を叶えるには、純粋無垢な「幼心」が必要です。

「夢は絶対叶う」と信じて疑わず、夢が叶うことをイメージしてワクワクが大きくなるほど、夢は叶いやすくなるからです。

大人になってから、ちょっと疎遠になっていたかもしれないけれど、これからは日常のささいなことにも目を輝かせてワクワク・ドキドキしていた「幼心」に目を向けてみてください。

「幼心」を思い出すための簡単な方法が、絵本を読むことです。

絵本を読む機会がないという人も、この機会に絵本の読み聞かせを始めてみませんか？　誰かに読んであげてもいいですし、自分のために読んでもＯＫ。どちらも、「幼心」を呼び起こすきっかけになります。

私は絵本が大好きで、自宅にたくさんの絵本をコレクションしています。お気に入りの絵本もありますが、その時の気分によって選ぶ絵本は変わります。きっと私の「幼心」が「今日はこのお話が聞きたい」とメッセージを送ってきているのですよね。

読み聞かせのお話をすると、

「あゆちゃんのおすすめの絵本はなんですか？」

と聞かれることがあるのですが、**自分が好きなものを選ぶのが一番**です。

久しぶりに図書館に足を運んだり、書店の絵本コーナーをぶらぶら歩いてみたりすれば、１冊は「わー、これ子どもの頃に読んだ」という絵本に出会える

夢ドリル 29

好きな絵本を直感で選んで、あなたの「幼心」を思い出そう

はずです。昔、お母さんに読んでもらった記憶も蘇るかもしれません。そこまで思い出せれば、「幼心」を呼び起こすのは簡単。

仮に絵本を読んだことがない人でも効果はあります。絵本を選ぶポイントは、あまり構えずに**直感で「あ、これを読んでみたい」と思ったものを選ぶ**こと。**本を開いて幸せな気持ちを感じられたら、絵本のチョイスは大正解**です。

ゆっくりとお話を声に出し、自分自身に読み聞かせをしてください。

ワクワク楽しい気持ちになればなるほど、あなたの中に純粋無垢な「幼心」が戻ってきます。

30

「心配の言葉」ではなく「応援の言葉」をプレゼント

Date
/ /

大好きな友人が「私、カフェを開きたい」とあなたに宣言したと想像してみてください。あなたは友人にどんな言葉をかけますか？

「こんな不安定な世の中で、お店を開くなんて大丈夫？」

と、声をかけるかもしれません。たぶん多くの人が、心配から「大丈夫？」と聞いてしまうのではないでしょうか。

でも、これは友人の身を案じているようで、じつは**相手に「恐怖」のメッセージを送っている**のです。

心配するという行動は「恐れ」から発生したものです。人は、未来が見えな

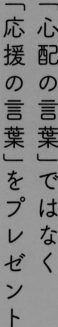

くなると不安を感じるようになります。そして、

「失敗したらどうしよう……」

「うまくいかないかもしれない……」

と、悪いほうの未来を想像して、言葉をかけてしまいます。いわば、相手に「呪い」をかけているようなものであり、「夢ステ語」を贈っているのです。

人によっては、心の奥深くに「相手に成功してほしくない」という妬みが含まれていることもありますが、そうでない場合でも、**「心配」は「こうなってほしくない未来」という最悪の贈り物を相手に渡している**ともいえるのです。

あなたはよかれと思って、誰かに「呪い」をプレゼントしてしまっていませんか？

「呪い」の言葉は、相手の心にも「失敗するかもしれない」というブレーキをかけてしまいます。大切な人のことを思ってかけた言葉が相手を苦しめてしまうなんて、あなた自身も望んでいないですよね。

相手の成功を願うなら、**「心配」ではなく「応援」の言葉を**贈りましょう。

「カフェの開店を楽しみにしているよ」

「あなたが成功する姿が見たい」

応援は、愛にあふれた「祝い」の言葉であり、「夢ドリ語」です。

「祝（い）」と「呪（い）」という漢字は似ていますが、その意味はまったく違います。

「あなたなら大丈夫！」

「絶対にうまくいく！」

「きっといい方向に向かう！」

今、この瞬間から**「祝い」を贈ることを意識して**みてください。そうすると、**相手の夢も、それを応援するあなたの夢も叶います**。


これは、自分に対しても同じです。

「この服、かわいい！　着てみたい！」と思った時に、

「太っているから、どうせ着られない……」

「この色は似合わないからダメだな……」

こんなふうに自分に対して「呪い」の言葉をかけていないでしょうか。

呪いの言葉は、一瞬のうちに心の中に入ってきます。もしも自分に「呪いをかけちゃった」と気づいたら、**すぐに「祝い」ワードにチェンジして、イメージを上書き**しましょう。

「いいね！　絶対似合うよ！」

「いつもは選ばない色だけど、なんか新鮮だね！」

そんなふうに、自分の気持ちを後押ししてあげてください。


大事なことは、自分がウキウキ、ワクワク楽しくなるような言葉をかけること。人にも自分にも「祝い」の言葉で愛を注いでいると、あなたの人生も相手の人生もよりいい方向に進んでいきます。

夢ドリル30

「大丈夫？」ではなく「大丈夫！」。愛にあふれた「祝い」の言葉を使おう

現代人は忙しくて、つい愛を忘れてしまうことがあります。

私はいつもポケットに愛の粉を忍ばせていて、疲れている人や怒っている人に密かにその粉を振りかけてあげます。もちろん本当の粉ではないので相手は気づかないのですが、私の愛が伝わることで、少しでも心が癒やされたらと思って続けています。


あなたも、お出かけの時にはポケットに愛を忘れずに。

そして、愛を忘れかけている人がいたら、あなたの愛の粉を振りかけてあげてください。

Column 7

出かける時は ポケットに愛を忘れない

私の母は、昔から「愛がいっぱい」が口グセでした。

そんな母のもとで育ったからか、私には「愛」がそこに物体として存在しているような感覚があるのです。

娘と息子を学校に送り出す時には、「ハンカチ持った？」と同じように、

「愛は持った？」

と聞いていました。

子どもたちが兄妹ゲンカをした時もそうです。

「そこに愛がないよね。愛を使わなかったよね」

と声をかけたものでした。

自分でも、ちょっとユニークな表現だなと思います。

愛は、相手を大切に思う気持ちです。目には見えませんが、相手に愛を贈ることで、相手からも愛が贈られ、お互いを思いやることができます。その気持ちを忘れないでほしいと思うのです。

31

「夢ドリ語」は未来のあなたからのギフト

Date
/ /

「予祝《よしゅく》」という言葉をご存じですか?

予祝とは「前祝い」のことを指します。もともとは「五穀豊穣《ほうじょう》」を祈願したことが始まりといわれています。

春といえば「お花見」ですが、じつはこれも「予祝」のひとつです。「桜の花が咲いた」ということは、「秋には必ず実がなる」ということ。つまり、桜を「まだ見ぬ豊穣の恵み」に置き換え、豊穣を引き寄せていたのだと思います。

この「予祝」を、私は日常でも行っています。

例えば「かわいくなりたい」ではなく「かわいくなった!」「痩せたい」で

はなく「痩せた！」というように「もう叶ったもの」として声に出すのです。

まさに「夢ドリ語」です。

「かわいくないのに、かわいいなんてとても言えない……」

「今は太っているのに、痩せたと言うのはちょっと……」

と、抵抗を覚える人もいるかもしれません。

でも、**夢ドリ語には現在の状態も、過去もまったく関係ありません**。今、この瞬間に発する言葉は、無条件でいいのです。

太っていても「スリムだ」と言う。

お金がなくても「お金持ち」と言う。

大切なのは、**なりたい自分を無条件で受け入れ、愛する**ことです。

そう考えてみると、夢ドリ語は、**「未来の自分から贈られたギフト」**なのかもしれません。


ここでひとつ、私の友人の例をご紹介しますね。

いつも「痩せたい」と言っているけれど食べることが大好きな彼女は、すぐに誘惑に負けてしまい、なかなかダイエットできずにいました。

そんな彼女に私は、

「なんで、また食べてるの。太るよ。それじゃ、ダイエットは無理だよ」

と、責めるような言葉を投げかけていました。

すると、友人は3キロ、4キロとどんどん太ってしまったのです。そんな友人を見て、「ちょっと待てよ。これは私が間違っていた」と気づいたのです。

そう、「なんで」は夢が叶わない悪魔の質問ですよね。夢を引き寄せるには、未来のなりたい姿＝夢ドリ語が大切ということを、私自身もうっかり忘れていたのです。友人は私が「太るよ」と言ったから、どんどん太ってしまったのですね。

そこで私は、友人が痩せたようには見えなかったけれど、「ちょっと痩せた？」と言ってみました。

「いや、そんなことないよ」と言う友人に、私は会うたびに「あれ、また痩せたね」と声をかけ続けました。

最初は「そんなことないよ」と言っていた友人も、鏡に映る自分を見て「なんか痩せたかも」とその気になっていったのです。すると、彼女は面白いようにどんどん痩せていきました。

夢ドリ語には、それほどのパワーがあるのです。

「キレイだね」「スタイルがいいね」「カッコいいね」「モテるね」

なりたい自分は無限に選べるし、夢ドリ語でどんな自分にもなれます。

あなたが言われて嬉しい言葉はなんですか？

ぜひ、夢ドリ語を使って、未来の自分からのギフトを受け取ってください。

夢ドリル 31

なりたい自分を言葉にして。
「夢ドリ語」で未来を引き寄せよう

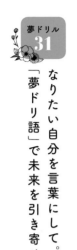

第4章

ワクワク感情で、理想の未来へひとっとび！

夢を叶えるために大切なのは、楽しみながらウキウキ・ワクワク感情を育てていくことです。
子どもの頃、遠足の前夜や休日の前夜、ソワソワしてなかなか寝つけませんでしたよね。誰でも一度は経験したことがあると思います。
あの感情が「ワクワク」です。
夢が叶う時がやってくるのを待つ時間も、また楽しいものです。

毎日ひとつずつ、ひとくちサイズのアクションを起こして、夢を叶える速度を加速させていきましょう。

ワクワク＝沸く沸く。

情熱が沸いて、ワクワク感情が大きくなればなるほど、あなたはひとっとびで理想の未来に到着します。

32

排水口は「地球のお口」

Date
/
/
/

以前、こんなお話を聞いたことがあります。

「地球が誕生してから、水の量はずっと変わらない。ただ、移動しているだけなんだよ」

私たちの体の60％は水分だといわれています。

食物や飲料から体の中に取り入れられた水分は、汗だったり、涙だったり、さまざまな形で体の外に出て、蒸発して空中を漂い、空に上っていきます。空に集まった水分は雨となってまた地表に戻り、土に染み込み、食物を育て、再び私たちの体を潤してくれます。

なるほど、地球上の水はこんなふうに循環しているんだと納得しました。

今、私が水道から汲んだコップ1杯の水は、昔、誰かの体を巡った水かもしれない。もしかしたら、ご先祖様が一生懸命働いて流した汗かもしれないし、マザー・テレサの目からこぼれ落ちた涙かもしれない……。

そう思うと、**巡り巡って今、その水が私の手の中にあること、水のおかげで命をつないでいられることに、感謝の気持ちが湧いてきます**。

そして、**私の体に入った水も、やがて未来の誰かを生かすかもしれません**。

そのことに気づいてから、日々、何気なく利用している水のことを意識するようになりました。

あなたが生活の中で使った水は、家の排水口から下水道を通り、最終的に自然の水の循環に戻っていきます。

いってみれば、**排水口は「地球のお口」**なのです。

汚れたものを多く流せばそれだけ地球に負荷がかかるし、食べ物や飲み物として私たちが口に入れるものも、やはり私たちが排水口に流した水なのです。

だからこそ、**排水口に何を流すかは重要**だと思うのです。

例えば、**シャンプーやリンス、洗濯や食器洗いで使う洗剤も、地球環境にやさしいものを選べば、地球も喜んでくれる**はず。結果、地球も私たちが喜ぶことを返してくれるでしょう。

「バタフライエフェクト」という言葉をご存じでしょうか。

蝶の羽ばたきほどの小さな出来事が、予測もできないほど大きな出来事を引き起こすという意味で使われます。日本の「風が吹けば桶屋が儲かる」ということわざとも似ています。

あなたの流した水も、小さな蝶の羽ばたきと同じです。

地球を巡り巡って、よくも悪くもどこかの国の環境に影響を与えているかもしれません。

毎日の生活の中での小さなアクションでも、一人ひとりが意識すれば、地球の未来をよりよく変えていくことができると思うのです。

ご先祖様たちが受け継いできてくれた大切な水を、できるだけいい形で次の世代へ引き渡していく。

私は、自然環境を守ることは、ある意味、先祖供養だと思っています。

あなたも、**自然環境のことを自分のご先祖様と同じくらいに愛して**ください。

そして、**洗剤を変える、ゴミの分別を徹底する、食材を使い切る、節電を心がけるなど、できることから地球にやさしいアクションを始めてみませんか？**

ささいなことで構いません。そのごほうびは、あなたと未来の子どもたちに必ず返ってきます。

夢ドリル 32

「命をありがとう」と1杯の水を飲もう。

地球にやさしいことをしよう

33

「思い」のこもったものを買って応援

私はセミナーで必ず「あなたの夢はなんですか？」とたずねます。10人いれば10通りの夢がありますが、叶う速度は人それぞれ。夢が叶うのは先着順ではないのですね。じつは、夢には特にはやく叶う夢があるのです。それは、

「一度に多くの人が幸せになれる夢」

神様は、この世に幸せの量が増えることを願っているので、幸せになれる人が多い夢を優先的に叶えてくれるのです。

私の2つの夢を例にお話ししてみましょう。

「福引で旅行が当たりますように。当たったらお母さんと一緒に行こう」

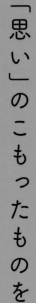

これは、私と母の2人が幸せになれる夢です。

「たくさんの人が集まれる大きな家がほしい。そこでみんなの夢を応援する学校を開きたい」

こちらは、私の家族も含めてたくさんの人の幸せにつながる夢です。どちらの夢が先に叶ったと思いますか？

そう、大きな家のほうです。

私は自己資金なしで、しかも常識では考えられないスピードで自宅を手に入れることができました。そして、その自宅には毎月300名を超える人たちが来てくれて、一緒に夢を叶えています。

これは**「夢を描く時は、自分も幸せ、周りも幸せ、みんなが笑顔になれることが大切」**と実感する出来事でした。

たくさんの人を幸せにする方法はいろいろあります。身近にいる人たちを応援するのもいいし、見知らぬ人を応援するという方法もあります。

その代表例が**「フェアトレード」**です。

フェアトレードは、発展途上国から原料や生産品を適正な価格で購入することで、現地の生産者や労働者の自立を応援する仕組みです。コーヒー豆やチョコレートなど、店頭でフェアトレードの文字を見かけたことがあるかもしれません。

私は、自分でデザインした皮革製品の販売をしていて、製品の中にフェアトレードのお財布があります。このお財布は、地雷、小型武器、子ども兵などの問題に取り組む認定NPO法人テラ・ルネッサンスさんとのコラボで実現したもの。売上の一部はアフリカなどで紛争に巻き込まれた人々の自立支援に役立てられています。

最初は発展途上国への支援として基金を立ち上げ、お金で寄付することも考えました。それをあえて製品販売で支援することにしたのは、お金だけでは「思い」につながっていかないと感じたからです。

未来を変えていくためには、「思い」を未来につなぎ、なりたい未来を引き寄せることが大切です。

フェアトレードのお財布には、内部に小さなアフリカンキルトのアクセント

夢ドリル 33

フェアトレード商品を購入し、誰かの幸せを応援しよう

をつけました。お財布を購入してくださった方は、お財布からお金やクレジットカードを取り出すたびに、このキルトを見て支援した国の人たちを思い出してくれるでしょう。

フェアトレードの商品は、いろいろなところで取り扱われています。インターネットでも簡単に検索できますから、ぜひ、応援したいと思う国や商品を探してみてください。

そして、**製品を購入する時には、支援先の国の人たちへの「思い」を大切にして、相手の幸せを願い、応援**しましょう。それだけであなたの心はより豊かになっていきます。

らしく思えたのです。

この出来事があってから、私の仕事に対する意識は変わりました。それまでの「好きな洋服に関われるのが楽しい」という「自分だけの幸せ」から、「私の関わる洋服たちが誰かを幸せにするのが嬉しい」という、「みんなの幸せ」も意識して働くようになったのです。すると、ずっと閑古鳥が鳴いていたお店が急に流行り始めたのです。

以前の私は、社会的に認められた職業がいい職業で、そういう職業に就くこと自体が夢の実現だと考えていました。でも、夢は職業や場所ではなく、自分がそこで何をするかなのです。

アルバイトの立場でも、私自身が「自分と人の幸せ」を願うようになったから、お客様が来てくれたのだと思います。

もし、あなたが今の職業や会社が嫌だと感じているのなら、まずは「そこで何をしたいのか」を真剣に考えてみてください。

Column 8

夢とは、職業ではなく、何をするか

私は洋服屋さんでアルバイトをしていたことがあります。大好きなお洋服に囲まれ、仕事に行くのが楽しくて仕方がありませんでした。いくつものボディにコーディネートした服を着せてディスプレイしていたのですが、その服をそのまま購入してくださるお客様がいました。

ある時、そのお客様にお仕事をたずねてみると、介護施設の栄養士だと言います。私は栄養士の仕事がよくわからず「楽しいですか？」と聞くと、「入所されている方の中には、施設でそのままお亡くなりになる方もいます。私のつくった献立が、その方の人生最後の食事になるかもしれません。そういう仕事をしています」と話してくれました。

それを聞いて、なんて尊いお仕事をされているのかと、涙が出るほど感動しました。そして、お客様がそのお仕事で得たお金で、私のコーディネートしたお洋服を買ってくださっている。忙しい毎日の中で、お気に入りの服を楽しんでいらっしゃる。そう思うと、自分の仕事も尊いと、とても誇

34
スマホを置いて、神社・お寺へゴー！

Date
/ /

清水寺は開創から約１２５０年の歴史を誇る、京都屈指の観光名所。清水寺では、大切な秘仏の観音様の写真をインスタグラムに惜しげもなく掲載していらっしゃいます。これほど有名なお寺では考えられないことですよね。その理由のひとつがこれです。

「清水寺に足を運んでくれた方々に、スマートフォン越しではなく、肉眼でゆっくりと観音様のお姿を拝してほしい」

写真は家に帰ってからインスタグラムで楽しんでくださいというわけです。

つまり、観光に訪れた人たちの**デジタルデトックス**のためなのです。

夢ドリル 34

1時間だけスマホを手放して、リアルな世界を楽しもう

デジタルデトックスは、**スマートフォンやパソコンなどのデジタルデバイスと少し離れて、心身のストレスを軽くする取り組み**です。

現代の生活にスマートフォンは欠かせないアイテムになっていますよね。とても便利な半面、使いすぎると脳が疲れて集中力や判断力が低下したり、うっかりミスが増えたり、目の疲れや肩こりの原因にもなってしまいます。

もちろん、仕事でスマートフォンが手放せないという場合もありますから、無理をする必要はありません。まずは**1時間だけ電源を切る**ことから試してみてはどうでしょうか。

そして、**近くの神社・お寺へ参拝して、自分と向き合い、神様とおしゃべりして、五感でものを感じる体験を大切に**しましょう。

35

夢は五感で叶える！

夢を叶えるには、**ものごとを五感でキャッチしていく感覚**が大切です。

五感とは、視覚・聴覚・嗅覚・味覚・触覚の５つ。リトル・ゴッドさんは、あなたの五感を通して得た情報を受け取っています。あなたが心地よい状態でいると、リトル・ゴッドさんも喜んで、もっと応援しようという気持ちになってくれるのです。

普段から自分の感覚を大切に、心地よく過ごす工夫をしていきましょう。それぞれの感覚のポイントをご紹介しますので、できることから実践してみてくださいね。

Date
/ / /

視覚

「視覚」は、目に見える情報です。目に見えるままを取り入れるだけでなく、そこから**未来を想像し、なりたい自分の姿に変換して取り入れる**ことも大切。

例えば、肌トラブルで悩んでいる人にとって、今、鏡に映っている自分はツルツル肌になる前の状態です。それをそのまま「ニキビが消えない」「目の下のクマが目立つ」などと考えると、リトル・ゴッドさんは、単語だけを拾って「ニキビや目の下のクマがあるといいんだ」と、情報を誤解して受け取ってしまいます。夢を叶えるには、未来を先取りした「夢ドリ語」が重要ですから、未来の自分に思いを馳せ「お肌がツルツルでキレイだね」といった言葉で情報を取り込んでいきましょう。

聴覚

「聴覚」では、**いい言葉、いい音楽を耳から入れて**あげましょう。それだけで運気が上がります。逆に**あなたを悪く言う人とは距離を置く**ことも大切です。それは、「聴覚」を使って運気を上げる、とっておきの方法をご紹介します。それは、

めいっぱい自分をほめ、自分が大好きというメッセージをレコーダーに録音し、繰り返し聴くことです。長さは1分ほどが目安。

誰だってほめられて悪い気はしませんよね。自分大好きメッセージを聴くことで自己重要感が増し、ワクワクする気持ちも高まります。

嗅覚

「嗅覚」では、どんな香りを嗅ぐのかが重要です。香りは、両目頭の奥のほうにある「嗅球《きゅうきゅう》」という場所で処理され、自律神経系、内分泌系、免疫系など、体全体に影響を与えるといわれています。**お気に入りの香水をつける**のもいいですし、時には**自然に触れて、本物の土や花の香りを楽しんで**ください。

味覚

「味覚」も嗅覚と同様に、何を食べるかが重要。人工甘味料、添加物ばかり摂っていると、だんだん味覚が偏って、感覚が鈍くなってしまいます。なるべく**無添加のものを体内に取り入れ、自分をナチュラルな状態に戻す**ことを心がけましょう。

触覚

最近はリモートでお話をする機会が増えていませんか？　人と触れ合った時の肌の温もりや、街中で頬を撫でていく風の心地よさを感じることはとても大切です。

「触れる感覚」を味わう機会が少なくなると、「触れている自分」を自覚することも減り、自分という存在そのものを意識しなくなってしまいます。**リアルな世界で、実際のものに触れたり、誰かとハグしたりして、自分を意識する感覚を育てて**いきましょう。

夢ドリル 35

五感を働かせ、夢の実現を加速させていこう

36

心の中に真っ白なキャンバスを持とう

数年前のことです。

私の誕生日に、ある方からとても素敵なメッセージが届きました。

「鮎香さん、あなたの心の中に1枚の白いキャンバスをプレゼントします」

「白いキャンバス？　何かな？」

不思議に思って、その方に聞いてみると、

「**誰の心にも真っ白なキャンバスがあって、そこには自分の好きな絵を描いていいんですよ**」

というお返事が来ました。

当時、私はこれから何をしようかと少し迷っていました。そんな気持ちを察して、メッセージをくださったのです。

「鮎香さんは、過去を見て不安になっているのでしょ？　でも、**夢は過去からの延長線上で叶っていくのではなくて、これから始まる未来で叶うもの**。真っ白なキャンバスに、素敵な夢を描いてください」

その方の言葉を聞いて、私の中のモヤモヤがスッと消えていきました。

そして、私は心の中のキャンバスに絵を描き始めました。

私が描いたのは、本を出版する夢です。

これまで、全国各地の仲間の協力を得て、たくさんのセミナーを開催してきました。以前の私のように苦しんでいる人が、少しでも元気になってくれたらという思いで続けていますが、それでも出会える人は有限です。

もっとたくさんの方々にも、私の気持ちを届けられたら……。

その答えが、本を出版することだったのです。今まで本を書いたことはないけれど、とにかく心の中のキャンバスに夢を描こう。そうすれば叶うのだから。

私はキャンバスに、本を出版し、その本を片手に講演会でお話をしている姿を描きました。

そして、今、本当にこの本を書いています。


今度は、私があなたに白いキャンバスをプレゼントする番です。

心の中にあるキャンバスですから、**どんな絵を描いても誰にもとがめられることはありません**。誰にも見えないのだから、**下手でもいい**のです。

「できないかもしれない」とか「無理かもしれない」という気持ちはキャンバスの外に置いて、未来の自分の姿をイメージしながら、自由に描いてみましょう。心の中で描くのが難しければ、次ページのキャンバスに実際に描き込んでもOKです。

途中で失敗しても、キャンバスは何度でも描き直すことができます。一旦保留にして、新たなキャンバスに別の絵を描くのも自由です。

さて、あなたはどんな絵を描きますか？

夢ドリル 36

未来の自分をイメージして、心の中のキャンバスに思い切り夢を描こう

37 トイレ掃除で心のクリーン作戦

Date
/ /

部屋は自分の心を映し出す鏡だという人がいます。確かに部屋がいつもより汚れていると落ち着かない気分になりますし、反対に、心がモヤモヤしていると部屋の整理整頓に気持ちが向きません。結果、散らかった部屋の中で過ごしたりしますよね。

心の中が散らかっていると、自分の夢もどこにあるのかわからなくなってしまいます。**なんとなく気持ちが晴れない、不安な気持ちになる時は、まず、家の中のお掃除をしてみる**のもいいかもしれません。

風水では、**トイレやキッチン、お風呂などの水回りのお掃除をするといい**といわれています。特にトイレは汚れやすい場所ですが、それだけにこまめに掃除をすることで、運気がアップするのです。

世の中の成功者と呼ばれる人たちには、トイレ掃除を実践している人がたくさんいますよね。パナソニックの創業者である松下幸之助さんや本田技研工業の創業者である本田宗一郎さんは、トイレ掃除を大事にしていたそうです。芸能人にも、感謝の気持ちや運気を呼び込むために、トイレ掃除をする人は多いようです。

私も自宅のトイレ掃除を日課にしています。ブラシを使わずにトイレットペーパーを使って手で便器を磨いています。そのほうが汚れやゴミがすぐにわかるからです。

最初は「トイレ掃除をすると運がつくというから」くらいの気持ちでしたが、掃除をすると汚れと一緒に、心のモヤモヤが消えていって気持ちがスッキリします。

それに、トイレやキッチン、お風呂などの排水口は、地球のお口。家の外に出された水は自然に還り、巡り巡ってまた私のところに戻ってくるのです。そう思うと、キレイなところを通って送り出してあげたいと、つい掃除にも力が入るのです。

心が落ち着くと、モヤモヤで見えなかった自分の本当の気持ちが見えてきます。自分が何を望んでいるのか、どんな夢を持っているのかもわかるようになります。

もしもあなたが「自分の夢が見つからない」と感じているなら、**試しにトイレ掃除をしてみて**ください。気持ちがスッキリして、夢も見えてくるかもしれません。

「私は掃除が苦手で……」

「毎日トイレ掃除をするなんて面倒くさい」

そんな方に、私のオリジナルの掃除法をお教えしますね。それは、**お掃除アイテムでマイチームをつくる**こと。

私はものを擬人化するのが大好きで、家中のお掃除アイテムに人格を持ってもらうようにしています。

ひとつひとつのアイテムに手芸店で売られている人形の目をつけて、

「みんなで掃除を楽しもう！」

と気合を入れると、驚くほど掃除がはかどります。

ちょっとファンタジーの世界かもしれませんが、心がワクワクして楽しく掃除ができるし、家中ピカピカになるし、いいことずくめの掃除法なのでおすすめです。


また、**家族を誘ってお掃除チームをつくる**のもいいかもしれません、一人では苦手、面倒と感じることでも、みんなでやれば楽しくなって、あっという間に部屋が片づくはずです。

夢ドリル 37

夢が見つからない時はトイレ掃除をしよう。

モヤモヤが晴れると本当の自分が見えてくる

38
新月はお願いごとをする絶好のチャンス

Date
/ /

お月様にお願いごとをするというセミナーを始めて、もう20年になります。

最初は私のお願いごとから始まりました。

「本当に叶うのかな？　でも、新月にお願いすれば叶うっていうから、とにかく全部書き出してみよう」そんなスタートでした。

これまでたくさんのお願いごとをしてきましたが、振り返ってみるとすべて叶っています。今では当たり前すぎて、お願いをしたことすら忘れていたりします。

そんな実体験を身近なお友だちとシェアすることで、一緒にお願いごとをする仲間がどんどん増えていきました。今では、その仲間が全国に広がっています。私と同様に、みなさんも自分の描いた夢を実現させています。

第2章でもお話ししましたが、お月様の満ち欠けは私たちの心や体に影響を与えるといわれています。

お月様は大体1カ月の周期で、新月から満月、そしてまた新月へと満ち欠けを繰り返します。新月の心の状態は、お腹が空っぽで何もない状態。そして、徐々に満たされていって、満月で満腹の状態になります。

新月の頃は「何かが足りない」「満たされていない」という気持ちに陥りやすくなります。このように、**足りないところに目が向くのは、本当にほしいものを見つけるため**なのです。

お月様はあなたの潜在意識にも影響を与えています。

夢を叶えるエネルギーは潜在意識の中にあるので、**新月に夢の種を蒔くことで、満月に向けて夢が育ち、やがて叶っていく**のです。

また、新月は一年に12回現れ、ひと月ごとに12星座の座位を巡っています。どの星座の新月かというのも重要なポイント。**12星座にはそれぞれ得意分野があるので、それに関連したお願いごとをしましょう。**

例えば、2023年の5月は、牡牛座の新月でした。牡牛座には「お金」や「解放」の意味があります。お月様はこれ以外の夢も聞いてくれますが、お金や解放に関わるお願いごとには絶好のタイミングといえるでしょう。

いつ、どの星座の新月が現れるかは、年によって変わります。インターネットで「新月　星座」などのキーワードで検索すれば情報が得られます。それぞれの星座の得意分野については、ここで簡単に紹介しますので、お願いごとをする時の参考にしてくださいね。

願いが叶いやすくなる各星座の得意分野

牡羊座……スタート、独立
牡牛座……お金、解放
双子座……学び、コミュニケーション
蟹　座……家族、安定
獅子座……恋愛、決断
乙女座……サポート、健康

天秤座……結婚、センス
蠍　座……変化、財務能力
射手座……探究、自由
山羊座……達成、出世
水瓶座……人脈、変革
魚　座……癒やし、芸術

夢ドリル 38

新月の夜、お月様に夢の実現をお願いしよう

39 お願いごとをする時の楽しい8つのコツ

夢を叶えるためには、お月様にお願いごとをしたり、リトル・ゴッドさんを味方につけたり、いろいろなものの助けを借りることも大切です。

お願いごとをする時には、いくつかのコツがあります。難しいことはありませんから、ぜひ、試してみてください。

お気に入りのノートを用意する

あなたの未来を創っていくお願いごとを書き込むノートは、**自分自身がウキウキ・ワクワクするもの**を選びましょう。

ノートを開いた時にあなたの心がワクワクすれば、百円ショップのノートで

Date
/ / /

もＯＫです。

文字は赤ペンで書く

お願いごとは、黒ペンや青ペンは使わず、赤ペン一色で書きます。

赤は注意を促す色、注目される色なので、あなたの意識が高まります。また、赤は情熱の色でもあります。大切なお願いごとを書くのですから、気分を上げていきましょう。

文章は縦書きで書く

お願いごとは、縦書きで書くことで叶いやすくなります。

日本人は「イエス」の時に首を縦に振ります。また、日本語は縦書きが基本です。**肯定的なことは横ではなく、縦の動き**なのです。ノートを買う時には、罫線のタイプも意識してみてくださいね。

「私は」から書き始める

文章の書き出しに、きちんと「私は」と書きましょう。

ノートにお願いごとを書いていると、つい主語を忘れてしまいがちです。**誰の願いなのかを明確にする**ことは、夢を叶えるために大切なこと。あなた自身の「夢を叶えたい」という意識も高まりますよ。

夢ドリ語（肯定語）を使う

お願いごとをする時には、「夢ドリ語」を使います。

「〜しない」「〜ならない」といった「夢ステ語（否定語）」を使わず、肯定語でお願いをしましょう。

困難に直面して不安な時、つい「状況が悪くならないように」「失敗しないように」とお願いをしたくなります。これは「夢ステ語」で、お願いごとが叶わないほうへ意識を向けてしまいます。「悪化しない」は「改善する」、「嫌われない」は「愛される」と、夢ドリ語に置き換えましょう。

現在進行形にする

お願いごとは、それが叶って**「できている」「なっている」という現在進行形で**書きましょう。

多くの人が「〜できるように」「〜になりますように」とお願いしますが、これではあなたのお願いごとはなかなか達成に至りません。

どんな自分になっているかを具体的にイメージする

夢が叶って**自分はどんな気持ち**でいるのか。**自分と周りの人がどんなふうに幸せ**になっているのか。その瞬間をイメージして、**具体的に**書きましょう。

最後は必ず「ありがとうございます」で締めくくる

心を込めて、最後にお礼の言葉を書きましょう。

いつでも感謝の気持ちを忘れないことが、願いを叶えるための最大のコツなのです。

お願いごとのテンプレート

慣れないうちは、テンプレートに穴埋めする形でもＯＫです。なりたい自分の姿をイメージしながら、記入していきましょう。

お願いごとは何度でも書き直しができます。慣れてきたら、あなたの言葉でもっと自由に楽しく、ワクワクするような文章にアレンジしていきましょう！

テンプレート

私は、

（　叶ったお願いごと　）ができて、

（　叶った後の自分の姿　）で過ごしています。

（　あなたのお願いごとに関わる人たち　）にも喜ばれ、

（　叶った時の気持ち　）でいっぱいです。

ありがとうございます。

夢ドリル 39

お気に入りのノートにお願いごとを書いてみよう

記入例

私は、
みんなが集まれる大きな家を建てることができ、
たくさんの人のために「夢を叶える学校」を開いています。
毎日、多くの人が足を運んでくれて、その人たちのお話を聞きながら、
夢を叶えるお手伝いをしています。
そして一人ひとりの夢がどんどん叶って、みんなに喜ばれ、
みんなも私も、幸せな気持ちでいっぱいの毎日を過ごしています。
ありがとうございます。

40 あなた宛ての手紙を書いてみよう

Date
/ / /

日本人は、周囲に気配りや配慮のできる民族です。それはとても素晴らしいことですが、あまりにも人の気持ちばかり考えていると、自分のことがおろそかになってしまいます。**夢を叶えるには、人と同じくらい、自分のことも大切にしてあげることが大事**です。

そこで、**自分自身にねぎらいの手紙を送って**みましょう。

何かつらいことがあった時、ものごとがうまくいかない時、自分はダメだと感じた時、あなたはどんなメッセージをもらったら嬉しいですか？　その時の気持ちをイメージしながら、自分自身が喜ぶ手紙を書いてください。

とはいえ、慣れないうちはなかなか言葉も出てこないものです。参考までに、私がみなさんにおすすめしている手紙の書き方をご紹介します。ポイントは、**自分の名前と年齢を入れる**こと。そして、**自分を受け入れ、愛を伝える**ことです。

テンプレート

「〇〇ちゃん（自分の名前）、〇歳（今の年齢）までよく頑張ったね。私はあなたがどれだけ一生懸命に生きてきたかをよく知っているよ。本当にえらかった。これからもずっと応援しているからね。ありがとう。愛してるよ」

手紙は**常に見えるところに置いて**おきましょう。そして、ことあるごとに、**声に出して読んで**ください。ものごとがスムーズに進まない時も、自分を認めることで、少しずつ心が元気になり、夢が叶う体質になっていきます。

夢ドリル 40
愛のある言葉で、自分を認めてあげよう

41

山や川は ただ与えてくれる大先輩

地球が誕生したのは今から46億年前。生命体が登場したのは36億年前。二酸化炭素から酸素をつくり出す植物が誕生したのは10億年前だそうです。人類の祖先が登場したのは、５００万年前といいますから、地球には、私たちの大先輩が本当にたくさんいらっしゃいます。

大先輩たちは、とても懐が深いのですよね。森の中では植物たちが酸素をつくり出し、そのおかげで私たちは呼吸ができます。また、さわやかな緑や美しい花々を愛でることで、心が癒やされ、リフレッシュすることもできます。

それでも、大先輩たちは「呼吸をさせてあげているから」とか「癒やしてあ

Date
/
/
/

げたから」と、私たちに見返りを求めることはありません。ただそこにあって、私たちに与え続けてくれます。**自然界がくれる無償の愛**だと思うのです。

私たちが生きている社会は、ほとんどがギブ&テイクの関係で成り立っています。何かをしてもらったら、お返しをしなければいけない。常に周りに気を使っているから、だんだん心が疲れてしまいます。

そんな時には、ぜひ、**山や川、雄大な大自然の中に出かけて、大先輩たちに甘えて**ください。

忙しくて遠出ができない時には、**家の中に植物を飾ってみる**といいと思います。1輪のお花でもいいのです。**植物をそばに置いて感謝の気持ちを伝えるだ**けで、大先輩たちとつながることができます。

大先輩たちは無償の愛であなたを包み込み、応援してくれます。

夢ドリル
41

1輪の花でもOK！
自然に触れて感謝の気持ちを伝えよう

それなのに、ふと見た花壇の椿は、誰かが見ているからなんて関係なく、ただ一生懸命に咲こうとしていました。それが本当に美しくて。

今にも咲きそうに膨らんだ蕾を見た時に、「もうすぐ満開だね。すごくキレイだね」と、心が震えて涙が出てきました。椿は、今までその庭を見ることすら避けていた私を喜ばせてくれる。その無垢な姿に、私は心が洗われる思いがしました。

そして、「あの人が嫌だ、この人が嫌だ」と言っている自分が情けなくなりました。「私は一生懸命に生きているのかな？　これからは、この椿みたいに一生懸命に生きよう」と思った時、あんなに嫌だったその家の人を許せたのです。

自然は、私たちに無償の愛を与えてくれます。
椿の花は、私にそんな愛があることを気づかせてくれたのです。

Column 9

椿が教えてくれた無償の愛

お部屋に花を飾るのは、私の人生の中でもとても幸せな時間です。もしも、自分の人生が今と少し違っていたら、私はお花屋さんになっていたかもしれないと思うほど、お花が大好きです。

私が家にいない時でも、部屋に花を飾っています。ただ一生懸命に咲いている花の気持ちを大切にしたいと思うからです。

私がこんな思いを持つようになったのは、ある体験がきっかけでした。

春の晴れた日、祖父のお墓参りに行く途中、ある家の花壇に植えられていた椿を見て「わー、キレイ！」と感動する出来事がありました。じつは、お墓参りのたびにその家の前を通るのですが、いつもは家のほうを見ないようにして通りすぎていました。

私はその家に住んでいる人に嫌なことをされた思い出があり、その家の人が許せませんでした。住人をよく思わない感情を家にも向けていたのです。

42 大きなため息をついて心と体をリセット

悩んだり、落ち込んだりしている時に、「ふぅ」とため息をつくことは誰にでもあります。

「ため息なんてついたら、幸せが逃げちゃうよ」と言う人もいますが、本当は、その反対。

ため息は幸せを手に入れるために必要なものなのです。

私は、幸せを呼ぶため息のことを**「大いなるため息」**と呼んでいます。

大いなるため息には、たったひとつ、ポイントがあります。それは、

ため息を、「大きな声にして吐き出す」こと。

Date
/ /

人に気づかれないように、「ふぅ」と空気を吐くのではなく、**「はーっ」と声に出して**ため息をつきましょう。

高くてかわいい声ではなく、**低くて太い声のほうがより効果的**。試してみるとわかるのですが、低くて太いほうが体の隅々まで声が響くのです。

悩んだり、落ち込んだりしている時、あなたの体は緊張して硬くなっています。そうすると呼吸もだんだん浅くなり、自律神経のバランスが崩れて不安感や緊張感がさらに高まってしまいます。

大いなるため息をつくことで、新たな空気がたくさん体の中に取り込まれ、呼吸を整えることができます。

また、自分の声が全身に響き、体と心の緊張をほぐしてくれます。これだけでも、ため息をつく価値があるというものです。

しかも、大いなるため息をつくと、吐いた息と一緒に、体に溜まった要らないものまで外に出ていくので、体の中がとてもクリアになります。

体の中のモヤモヤが晴れた状態は、自分の中にいるリトル・ゴッドさんとつながれるチャンスです。

「はーっ」と大いなるため息をついてスッキリしたら、リトル・ゴッドさんに**「自分はどうしたいのか」をお話ししてみて**ください。

そうすると今の状況にも変化が訪れるはずです。

私の家族は、大いなるため息のパワーを経験しているので、何か課題にぶつかった時には「はーっ」と大きな声でため息をつきます。それが我が家では普通の光景になっています。

ため息をついても心が晴れない、ネガティブな考えになってしまうという時は、もうひとついい方法があります。それは、**手で右脳のモヤモヤを捨てるアクションをする**こと。

右脳はイメージやひらめきを司っています。

夢ドリル42
「はーっ」と声を出して大いなるため息をついてみよう

実際に脳に触れられるわけではありませんが、要らないものを脳の中からつまみ出し、ポイッ、ポイッと捨てるようなイメージで、手で頭の右上をつかんで外に投げていきます。

実際に手を動かして、捨てる動作をすることで、スッキリをより実感できますよ。

悩みや、心のモヤモヤを認めて、整理することで、人間関係は驚くほど劇的に改善します。まずはその一歩、大いなるため息をつくことから始めてみましょう。

43

「服は福を呼ぶ」。服を変えるとすべてがうまくいく

Date
/ /

あなたは普段どうやって服を選んでいますか？

デパートや量販店に陳列されている服を、「これでいいや」と適当に選んでいませんか？

10代や20代の頃はリアルショップやインターネットで服選びを楽しんでいたのに、仕事や家事で忙しくなってからは、悩んで買うのは子どもの服ばかりで自分の服選びは後回し。

いつの間にか生活感があふれ、「無難な格好」「同じような服」ばかりになっている人は少なくないと思います。

私がセミナーでみなさんに最初にお伝えする、夢を叶えるための第一歩は**「服を変えましょう！」**ということです。

以前、ファッションコンサルタントをしていたこともあるため、私は**服が人間に与える素晴らしい影響力**を知っています。

服には、４つのタイプがあります。

「自分を喜ばせる服」
「自分と他人を喜ばせる服」
「他人を喜ばせる服」
「場を盛り上げる服」

夢を叶えるためには、**「自分を喜ばせる服」を選ぶ**ことが大切。

服は未来に連れていってくれる乗り物です。**お気に入りの服を着てウキウキと心がときめくことで、素敵な未来を引き寄せる**ことができます。

まさに、**「服は福を呼ぶ」**のです。

「自分を喜ばせる服」なので、人から似合わないと言われても気にする必要はありません。**自分の心のときめきを優先して**ください。**鏡に映った自分に「OK！」と声をかけ、「ウキウキを選んだ私って素敵！」とほめて**あげましょう。

もちろん、パーティーなどにお呼ばれした時やビジネスの都合上、着られる服に制約がある場合もあります。

その際に選びがちなのが、「他人を喜ばせる服」「場を盛り上げる服」です。

私のこれまでの経験上、**相手を喜ばせよう、相手に気に入られようという思いだけで服を選ぶと、ものごとはうまく進みません**でした。その理由をあれこれ考えて気づいたのは、**「自分をご機嫌にするアイテムが入っていないとダメ」**ということです。

このことに気づいてからは、パーティーなどのTPOに合わせて洋服を選ぶ時にも、自分がご機嫌になれるアイテムをプラスするようになりました。

すると、面白いようにものごとがうまく進むようになり、仕事の依頼や講演の依頼が増えていったのです。

自分のときめきを大事にしながら、相手やTPOも考える。それが「自分と他人を喜ばせる服」です。

コーディネートの一部にときめきを取り入れる方法は、たくさんあります。

外見はいつものままだけれど、お気に入りの下着に変えてみる。

ドレスやスーツに大好きなブローチやスカーフをプラスしてみる。

気分が上がるデザインのバッグを持ち歩く。

など、組み合わせにルールはありません。

「○○をテーマにコーディネートしてみようか」

「明日は、この間買ったブラウスを着てみようかな。楽しみ！」

服には、日によって異なるコーディネートを考える楽しさがあります。

ウキウキ、ワクワクした気持ちを楽しむことこそ、夢への近道です。

夢ドリル 43

ときめきを大切に
「自分が喜ぶ服」を楽しんで

44

「終わり」と「始まり」のバトンパスを大切に

Date
/ / /

陸上競技のリレーで、日本が強豪国をおさえていい成績を上げられるのは、バトンパス技術の高さにあるそうです。どれほどはやく走っても、バトンを落として次の走者につなげなければ、大きなタイムロスが生じます。「しっかりバトンを受け渡す」と意識することはとても重要なのです。

じつは、**夢を叶える過程でも、バトンパスが大切**になってきます。このバトンは目には見えませんが、意識を未来につなぐ役割を持っています。

例えば、ドアを開けっぱなしにする、手で押した勢いでバタンッと閉める、あるいはものをポンッと放って、置いた状態を確認しない。

夢ドリル 44

夢にはやく近づくために、ものごとの「終わり」を意識しよう

日常生活で、そんな動作をしていませんか？　**意識だけがどんどん先に行こうとして、今の行動の最後を見届けないままになっている**のです。

ものごとには必ず「始まり」と「終わり」があります。**ものごとをちゃんと終わらせてこそ、次の始まりにつなげることができる**のです。

この部分が抜けているのは、バトンを落としているのと同じ。ぜひ、日常生活の中でのバトンパスを意識してみてください。

ドアを勢いで閉めずに、最後までゆっくりと閉める。ものを置く時は、置いたことを最後までちゃんと見届ける。

忙しい毎日でも、「終わり」の動作をちょっと丁寧にすると、意識をつなぐタイムロスが減って、夢にはやくたどりつけます。

45

使ったお金ではなく得たものに目を向けて

Date

/ /

家計を預かる主婦として、家計簿をつけている人は多いと思います。この家計簿、書く時にちょっとしたコツがあるのです。それは、**「使ったお金」ではなく「得たもの」に目を向ける**こと。

家計簿をつけていると、つい、支出の数字ばかりに目が向いてしまいがちですが、それでは、お金に対してマイナス感情を持ってしまいます。

「ああ、今月もこんなに使ってしまった」

「今月は無駄づかいが多かったから、来月はもっと気をつけなくちゃ」

と、使ってしまった自分に「ダメ出し」をしていないでしょうか。これは、**自分の「罪悪感」と「お金」を交換している状態**です。

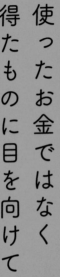

「罪悪感」は**「財悪感」**へと変わり、

「お金は使ってはいけないもの」

「お金は貯めなければならないもの」

と、間違った感情を脳にインプットしてしまうのです。


そもそも、お金に対して「罪悪感」を持つこと自体、おかしなこと。本来、**お金はあなたを豊かにしてくれる温かい存在**なのです。

お金を使うというのは、お金を支払った相手とのご縁が結ばれるということです。例えば、スーパーで野菜を買うと、販売しているお店とつながりますし、それを運んでくれた配送会社や、その先にいる野菜の生産者さんともつながります。


「野菜を育ててくれてありがとう」

「私たちのもとに届けてくれてありがとう」

「おかげで今日もおいしい食事が楽しめます」

と、**感謝の気持ちをお金に乗せて使うことが大切**です。

そして、「使ったからお金が減ってしまった」ではなく、「使ったから、こんなに素敵なものが手に入った」「こんなに幸せな気分になれた」と、得られた喜びを噛みしめてください。

これを私は「感謝貯金」と呼んでいます。

買い物で「人を幸せにするアイテム」と「お金」を交換したと考えれば、家計簿をつけるたびに「感謝貯金」ができます。この感謝貯金こそが、あなた自身を満たしてくれるのです。

世の中には、お金を使うことに「罪悪感＝財悪感」を覚えてしまう人が本当に多いと感じています。だから、私はセミナーでよく「感謝貯金」のお話をします。

生徒さんの中には、お金に対するマイナス感情のブロックをはずして、お金と仲よくなれた方がたくさんいます。収入が増える、売上が上がるのは当たり前。中には月収10万円から200万円になった人もいます。月収が20倍アップなんてすごいですよね。

また、セミナーに参加して10日後、念願だった外車を手に入れ、感謝貯金の額をグンと上げた方もいらっしゃいます。

ここでひとつポイントです。それは、願いが叶って幸せな気分になったら、**そのお金を届けてくれた家族やあなた自身へ、心からの感謝を伝える**ことです。あなたが送り出した感謝のエネルギーはループして、またあなたのもとに返ってきてくれます。それが、さらに大きな夢を叶える力になるのです。

夢ドリル 45

お金を使うたびに感謝貯金をして、幸せを手に入れよう

こんな言葉、人に言ったら大変ですよね。それなのに、自分には平気で言ってしまう人が本当に多いのです。

あなたがもし、「お金がない」が口グセになっているとしたら、そんな悲しい言葉を自分自身に言ってしまっていることに、どうか気づいてほしいのです。


価値のない人なんて、この世に誰一人いないのですから、今現在のお金の有無にかかわらず、あなたには、ほしいものを自由に手に入れ、行きたいところに行き、やりたいことに挑戦する価値があります。

お金の有無は人の幸せをはかる基準にはなりません。

「お金がない」と夢を諦めず、自分の価値を信じて突き進みましょう。

Column 10

お金がないは、お価値（かね）がない

世の中には「お金がない」とおっしゃる方がたくさんいます。

じつは、「お金がない」と言うのは、自分に「価値がない」と言っているのと同じことなのです。「価値」って「かね」とも読めますよね。つまり、「自分にはお価値（かね）がない」ということにつながっているのですね。

だから、「お金がない」という言葉を聞くたびに私はとても悲しい気持ちになります。なぜなら、世の中に「価値のない人」なんていないからです。

「これがほしいけど、お金がない」

「あそこに行きたいけど、お金がない」

「これをやってみたいけど、お金がない」

「お金」を「お価値」に置き換えると、こうなります。

「私には、これを買う価値がない」

「私には、あそこに行く価値がない」

「私には、これをやる価値がない」

46

悩んだら両方取りに行く

「二兎を追うものは一兎をも得ず」ということわざがあるように、多くの人は、2つの選択肢を一度に手に入れようとすると、何も得られないと思い込んでいます。そのため、「あれもほしい、これもほしい。どちらか選ぶなんてできない……」と、いつまでも、どちらにしようか悩んでしまうのです。

悩んだ時には**「両方取りに行く」のが正解**です。

私が皮革製品の販売を始めた時、友人からこんな連絡をもらいました。

「あゆちゃんのブランドを応援したくてバッグを購入しようと思ったんだけど、

Date
/ /
/ /
/ /

私好みのデザインがなくて……」

私を応援してくれるという気持ちだけでもありがたいのですが、それでは「バッグがほしい」という彼女の気持ちに応えることはできません。そこで、私は友人にこんな提案をしました。

「今、ちょうど新しいバッグをデザインしようと思っていたの。よかったら一緒に考えてくれない？」

友人はとても喜んでくれ、協力してデザインを考えることにしました。いろいろなアイデアを出し合って、新たに誕生したバッグに彼女も大満足。約束通り、私のブランドのバッグを買ってくれました。

そして、そのバッグは今でも私のブランドの人気商品です。彼女の申し出があったからこそ、素敵なバッグをつくることができたのです。

また、ある友人とは、互いに経営する会社同士でコラボレーションをしようという話が持ち上がりました。

組織対組織となると個々の関係性だけでは進まないことも出てきます。さまざまな問題が生じ、そこで諦めるという選択肢もあったけれど、「なんとしても一緒にビジネスがしたい！」という気持ちが強く、結果、お互いに個人としてパートナーシップを組み、新たな事業を立ち上げることにしたのです。こちらの事業もとても順調に成長しています。

世の中の大半は、WINとLOSEの関係になってしまいます。自分が我慢するのか、自分以外の人が我慢するのか、いずれにしても誰かが諦めることになり、それをみんなが仕方ないと受け入れているのです。

でも、私と友人が協力して新しいバッグを生み出したり、新しい事業を立ち上げたりしたように、**誰も何も諦めずに、WIN‐WINの世界を生み出すことは可能**なのです。

それが本当の意味で「未来を創造する」こと、「夢を叶える」ことだと思います。

「二兎を追うものは、三兎を得る」

いいえ、もっとほしいものがあれば、四兎でも五兎でも得ていい。**あなたは**

もっとよくばりになっていいのです。

私の生徒さんの中にも「仕事か出産か」で悩んでいる30代の女性がいました。セミナーを受けるうちに彼女は「両方取りに行く」と決断し、起業した会社も子育ても楽しく両立しています。

選択肢のはざまで悩んでいる人はたくさんいると思いますが、**どちらかを選ばなければいけないというのは、あなたがつくり出した思い込みの枠にはまっているだけ。枠の外に出て、両方の選択肢を追いかけてみて**ください。

「どちらも諦めない。私は両方を手に入れる！」

あなた自身がそう決めたら、あとは叶うと信じて突き進むだけ。みんながうまくいく世界が拓けていきます。

夢ドリル 46

どちらも諦めないと決めれば、新たな世界が拓けてくる

47 話したい人、会いたい人を5人書き出す

Date

/ /

「そういえば最近会ってないけど、○○さん、どうしているかな〜」

ふと、両親や兄弟姉妹、友人など、大切な人の声が聞きたい、元気な顔が見たいという気持ちになることはありませんか？

とはいえ、「どうしているかな？」と思いながらも、大抵次に来るのは、「相手にも都合があるし、用事もないのに電話したら迷惑かも」という、後ろ向きな発想ばかり。それで連絡をためらう人は多いと思います。「断られたら」という気持ちがあると、つい行動にブレーキがかかってしまうのです。

「ＮＯ」と返事が来る可能性もありますが、実際に連絡してみないと相手の気持ちはわかりません。**見えない未来を勝手にイメージして不安に思うよりも、**

まずは、あなた自身の気持ちを大切にしましょう。

もし、あなたが連絡するのを迷っているなら、**話したい人、会いたい人を5人、書き出してみて**ください。

実際に紙に書き出してみると、相手を思う気持ちがさらに強く感じられるようになります。そして、会ったり話したりする楽しい場面をイメージすることで、「会いたい!」という気持ちも高まります。

たくさんワクワクしてあなたの心が喜ぶと、迷いは払拭されます。会いたい人に「連絡したい!」と思ってきたのではありませんか?

「なんだか、急に声が聞きたくなっちゃって。どうしてる?」と、連絡した理由を素直に伝えて、ほんの短いやり取りで切っても大丈夫です。きっと相手もあなたからの連絡を喜んでくれるはずですよ。

夢ドリル 47

「声が聞きたかった」。それを伝えるために、電話をしてみよう

48 小さなお節介を焼く私って素敵！

電車の中で、座っているあなたの前に年配の人が立ったとします。さて、あなたならどうしますか？　席を譲ろうかと思う半面、

「それってお節介かな？　人が見ている中で断られたら恥ずかしい……」

と、ネガティブな考えが浮かんで、ためらってしまうかもしれません。

迷った時は、ぜひお節介を焼いてください！　大抵の場合は「ありがとう」と相手は喜んでくれるものです。もし断られても、それはあなたの問題ではなく、ただ相手が座らないことを選択しただけのこと。あなたはそれを受け入れればいいのです。

Date
/　/　/

夢ドリル
48

迷ったらお節介を焼いてみよう。小さなお節介が人生を楽しくする

私は、小さなお節介をよくします。周囲からいい人だと思われたいわけではありません。ただ、誰かの役に立つことをしている自分が好きなのです。

「小さなお節介ができる私って素敵！　こんな私が大好き！」という気持ちになれるから、電車やバスに乗ると「私の前に誰か立ってくれないかな」とすら考えてしまいます。

席を譲ることの他にも、小さなお節介ができるチャンスはたくさんあります。重い荷物を持っている人がいたら一緒に持ってあげたり、悩んでいる友人に「こうしたらどうかな？」と声をかけてみたり。

今日一日、電車やバスに乗ることがあったら、あなたも小さなお節介をしてみませんか？　**「迷惑かも」と思う気持ちを「こんな私って素敵！」に変換してみましょう。**そのほうが人生はより楽しくなると思います。

49
夢が叶う周波数にチャンネルを合わせよう

Date
/ /

セミナーで、私はよく「周波数」のお話をします。

ラジオをイメージするとわかりやすいと思います。ラジオは、周波数によって聞こえてくる番組が違います。周波数を変えると、自分が望む、望まないにかかわらず、番組も変わりますよね。

同じように**人にも周波数があり、自分の中に周波数の異なるたくさんの番組を持っています**。その時の気持ちによって周波数が違い、つながる番組も変わります。ウキウキ楽しい気分の時と悩んで落ち込んでいる時では、周波数が違うので、つながる番組も別のものになるという感じです。

また、**周波数が合えば、他の人と同じ番組でつながる**ことができます。あなたが「今晩はカレーが食べたいな」と考えていたら、お母さんがカレーをつくってくれていた。そんな経験はありませんか？　あなたの「カレーが食べたい」という気持ちと、お母さんの「あの子は今晩何が食べたいんだろう。カレーかな」という気持ちが同じ周波数で、同じ番組につながったからです。

以前、私はとても素敵な経験をしました。

私は苺が大好きで、特に好きな品種があるのですが、その品種は農薬を使わずに育てるのがとても難しいのだそうです。「食べたいけれど、農薬は気になる……」そんな気持ちでいた時に、知り合いの方から、無農薬に近い状態で栽培されている苺をプレゼントしていただきました。

きっと「農薬を気にせずに苺が食べたい！」という気持ちと、私の知り合いや生産者の方の「この苺をもっと世に広めたい！」という気持ちが同じ周波数でつながってミラクルが起きたのです。

このように、お互いの周波数が合えば、離れていても同じ番組を共有することができます。**私たちの「こうしたい」という願いや楽しい感情が、潜在意識**

にアクセスできる「夢が叶う周波数」になるのですね。

反対に、悩みを抱えている人にも周波数があります。そこで流れているのは、恐怖のホラー番組です。

「こうなったらどうしよう……。あんなことをされたら、困る……」

そんな不安な気持ちが募ることでつながってしまうチャンネルには、不穏で不快な音が流れていることでしょう。これをずっと聴いていたら、ますますつらい気持ちになりますよね。


あなたに知っていてほしいのは、**自分で自由に夢を叶える周波数に変えることができる**ということ。

気分が落ちているな、イライラしているな、そんな時には意識的にチャンネルを変えてみましょう。

チャンネルを変える鍵は「動くこと」です。

一日別のお仕事や家事に取り組んでみたり、ベランダに出て景色を眺めてみたり、読書をしてみたり、アロマの香りを嗅いだりして気持ちを切り替えるのもいいでしょう。

その場から動けない時には、ラジオのボタンを押してザッピングをしているイメージで指を動かしてみてください。気分だけでは難しいですが、**行動を切り替えることで、感情も自然と切り替わっていきます**よ。

夢ドリル 49

ネガティブ感情が湧いたら、行動を切り替えて番組チェンジ！

周波数にはその人のクセもあって、気がつくと普段からよく聴いている番組に戻っていたりします。さっきまでハイキングで楽しんでいる番組だったのに、急にホラー番組になっていることもあるのです。望んでいない番組につながってしまったら、また周波数を変えましょう。変更は自由自在です。

あなたのチャンネルでは、今、どんな番組が流れていますか？　ワクワクする番組に周波数を合わせて、どんどん夢を叶えていきましょう。

50 ワクワク感情が増すほど、夢までの距離は短くなる！

Date
/
/
/

夢には「エネルギーの法則」があります。この法則は、**「あなたの夢を叶えるパワー」と「ワクワク感」は比例する**というもの。ワクワク感が大きくなればなるほど、夢が現実に近づいていきます。

「人生をともに歩むパートナーがほしい！」という夢を描いた生徒さんに、私はこうアドバイスをしました。

「こんな人だったらいいな、という理想像をたくさん書き出してみて」

「車を運転する時、パートナーが隣にいるつもりで過ごしてみて」

「どんなふうに声をかけてほしいか、どんな振る舞いをしてほしいか、いろいろなシーンを想像して、考えてみて」

彼女はアドバイスの通りに、理想像を書き出して、具体的にイメージして、まるで彼がいるかのように毎日を過ごしました。アドバイスを実行するたびに、どんどんワクワク感が高まっていったそうです。

その後、マッチングアプリに登録。サイトを見ながらさらにワクワク感がアップした時に理想通りの男性と巡り会い、3カ月後にはおつき合いがスタート。1年後に結婚して、2人のお子さんに恵まれました。


叶えたい夢のイメージを具体的、明確、鮮明に、くっきりはっきり描くのがポイント。イメージがリアルになってワクワクが大きくなるほど、夢が叶うスピードはアップしていきます。

夢ドリル 50

より具体的に夢を描いて、夢を叶えるスピードを上げていこう

エピローグ

娘の親友のニコちゃんが私の家を訪ねてきてくれた日、私の人生は大きく舵を切りました。

ご縁のあった方々の夢を叶えるお手伝いがしたい。

それが自分の使命だと気づいて、今日までずっと活動を続けています。

ご相談に来られる方の中には、生きているのが本当につらい、苦しい、大変だという方がいっぱいいらっしゃいます。

お子さんの不登校に悩み、セミナーに参加するお母さんは少なくありません。ワークを進める中で少しずつ笑顔を見せ始め、自分自身や子どもと向き合う中で、夢を描き始めます。

そして、ある人は不登校に悩むお母さんや子どもたちを支援するカフェをオープンし、ある人はかつての自分と同じ悩みを抱える方々に寄り添う心理カウンセラーになっています。夢が叶い、みんなが幸せになっている。彼女たちが人生を謳歌する姿に触れると、私も心の底から幸せな気持ちになります。

世の中には、人のことばかり優先して自分を忘れている人がたくさんいます。多くの人たちが、子どもの頃にインプットされた「私はこういう人間だ」という思考の枠の中にいて、夢を見ることすら諦めています。

これはとてももったいないことです。いつでも枠の外に出られるし、**誰もが自由に夢を描き、叶える力を持っている**からです。それに気づき、自分の本当の力を思い出してほしい。そして、はやく夢を叶えてほしいと思うのです。

とはいえ、焦る必要も、無理をする必要もありません。

夢ドリルは、ワクワクを楽しみながら、徐々に夢を叶える力を高めていける、簡単でやさしいワークです。

自分のペースで、それぞれの夢ドリルのメッセージを受け取り、少しずつ実践していくことで、気づいたら夢が叶う体質になっていた、というのが理想です。

私は、人生の成功には、文字通りの「成功」ともうひとつ、「成幸」があると思っています。

「成功」は外の世界に積み上げていくもの。

「成幸」は内なる思い。嬉しい気持ち、感謝の気持ち。

世間的には「成功」が注目されがちですが、どれほど「成功」を収めても、思いがともなわなければ、本当の意味での幸せとはいえないでしょう。

「夢ドリル」が目指すのは、「成幸」であり「成功」です。**ワクワクが大きくなって「成幸」するからこそ、「成功」を引き寄せられる**のです。

あなたの夢がどんどん叶って、「成幸」と「成功」の両方を手に入れるお手伝いができるのなら、これほど嬉しいことはありません。

夢はあなたが描いた分だけ叶います。よくばりになって、あなたの人生にたくさんのミラクルを起こしてください。

「あなたの夢は絶対叶う！」

２０２３年12月　畑　鮎香

Special Thanks

◆「本を出したい」という私の夢を叶えるきっかけをつくってくださった方々
福田喜行さん　八尾彰一さん　原邦雄さん　吉田浩さん
◆本の制作に携わり、私の思いを形にしてくださった方々
河村伸治さん　伊藤瑞華さん　塚本佳子さん　浅井千春さん
◆私を信頼し続けてくれる家族、天国から見守ってくれる家族
お父さん　お母さん　真実さん　将一　実子　初音花　おじいちゃん　おばあちゃん　ご先祖様
◆私の魂を導いてくださった心の師
故重富豪先生　故西村公朝先生　故大西良慶先生　大西英玄先生
◆一緒に夢を叶え、いつも私に寄り添ってくれるみなさん
藤元麻衣子さん　波多幸子さん　吉信友香さん　津村美乃里さん　北野弘子さん　酒井潤さん
酒井由美子さん　山里隆司さん　山里尚絵さん　那賀恵さん　山口奈美さん　松山愛さん
河合恵美子さん　小野寺真紀さん　吉田由紀さん　高津博一さん　高津美祐希さん　小川裕季さん
坂上志乃さん　新田律子さん　中川秋恵さん　西村昌子さん　志村涼さん　鈴木悠さん
藤林佳子さん　山下貴子さん　内山幸奈さん　川田真奈巳さん　熊谷美穂さん　八尾優貴子さん
◆これまで出会ってくださった方々、今ご一緒してくださっている方々、
これから出会ってくださる方々
◆そして♡この本を手にして読んでくださっているあなた

本当にありがとうございます。真心からの感謝と愛を贈ります。

「夢ステ語」を「夢ドリ語」に変換しよう

夢ステ語	夢ドリ語
失敗しないように	成功するよ
車にひかれないように	車をよく見て気をつけてね
遅刻しないように	○時○分に来てね
試験に落ちないように	試験に受かるよ
忘れないように	覚えていてね
約束をやぶらないように	約束を守ってね
落とさないように	しっかりにぎっていてね
比べないように	自分らしくね
転ばないように	しっかり安全に歩いてね
間違えないように	正確にね
触らないように	見るだけにしてね
慌てないように	落ち着いてね
緊張しないように	リラックスしてね
散らかさないように	整理整頓してね
病気にならないように	健康にね
シミ、シワを取る	お肌ツルツル、ピカピカ
老けないように	若々しい、ピチピチ
お疲れ様・ご苦労様	ありがとうございます
頑張ります	楽しみます
自信がない	楽しんでチャレンジしよう
嫌われないように	愛されている
お金がない	お金がある
ダサい	おしゃれ
ブサイク	かわいい、かっこいい
太っている	痩せている、スリム
なんとかなる	※具体的にイメージしよう

夢ドリ名刺

夢を叶える近道は、人の夢を応援すること！　（夢ドリル19）
ここに夢を縦書き・赤字で書いて周りの人と交換しましょう。

私は

をしています
ありがとうございます

私は

をしています
ありがとうございます

私は

をしています
ありがとうございます

私は

をしています
ありがとうございます

年 月 日 名前

年 月 日 名前

年 月 日 名前

年 月 日 名前

夢ドリチェックシート

夢ドリルにトライしたら印をつけて、一歩夢に近づいた自分にごほうび！

1 ☐	2 ☐	3 ☐	4 ☐	5 ☐
6 ☐	7 ☐	8 ☐	9 ☐	10 ☐
11 ☐	12 ☐	13 ☐	14 ☐	15 ☐
16 ☐	17 ☐	18 ☐	19 ☐	20 ☐
21 ☐	22 ☐	23 ☐	24 ☐	25 ☐
26 ☐	27 ☐	28 ☐	29 ☐	30 ☐
31 ☐	32 ☐	33 ☐	34 ☐	35 ☐
36 ☐	37 ☐	38 ☐	39 ☐	40 ☐
41 ☐	42 ☐	43 ☐	44 ☐	45 ☐
46 ☐	47 ☐	48 ☐	49 ☐	50 ☐

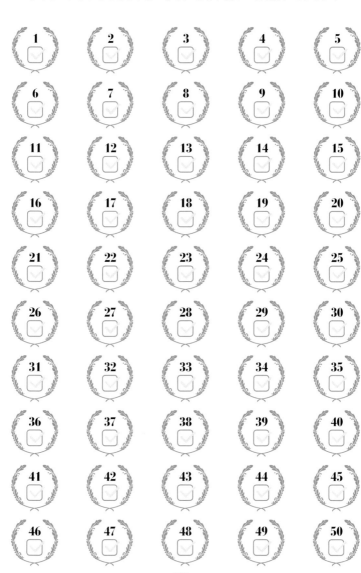

畑 鮎香（はた あゆか）
心理学講師、夢を叶える専門家、夢コーチアカデミー創始者。兵庫県西宮市生まれ、丹波篠山在住。3人の子を持つ母。6歳頃に、母の流産と祖父の死を同時に経験。10歳で腎臓を患い、闘病中に病棟の仲間たちを見送る。なぜ自分は生かされているのか、死んだ人と生き残った人の境目とは何かを考え続け、「一人ひとりの命には目的がある」と心得る。自らの命は誰かの夢を応援することで報われるのだと使命を知る。2012年に、絵本『あいしてるよ』を自費出版。10年間、年間250日以上、全国各地で講演活動・個人セッションなどを行い、のべ4万人以上の夢を叶えるお手伝いをしている。支援を目的に立ち上げた革製品ブランド「Antaskalana Japan」でオーナー・デザイナーを務め、収益の一部を寄付に充てている。イノチムスブ家「ありがとう巡礼」など、社会貢献活動にも情熱を注ぐ。座右の銘は「悟りとは、なくして初めて気づくことに、なくす前に気づくこと」。

Instagram：@hataayuka0307

あなたの願《ねが》いは絶対叶《ぜったいかな》う！
よくばり夢《ゆめ》ドリル

2023年12月1日　初版発行

著者／畑《はた》 鮎香《あゆか》

発行者／山下 直久

発行／株式会社KADOKAWA
〒102-8177　東京都千代田区富士見2-13-3
電話　0570-002-301（ナビダイヤル）

印刷所／図書印刷株式会社
製本所／図書印刷株式会社

●お問い合わせ
https://www.kadokawa.co.jp/（「お問い合わせ」へお進みください）
※内容によっては、お答えできない場合があります。
※サポートは日本国内のみとさせていただきます。
※Japanese text only

定価はカバーに表示してあります。

ISBN 978-4-04-606452-3　C0095